Grammatik kurz & bündig
SCHWEDISCH

mit Online-Übungen

von
Maria Bonner

D1673060

PONS GmbH
Stuttgart

PONS
Grammatik kurz & bündig
SCHWEDISCH
mit Online-Übungen

von
Maria Bonner

Der Inhalt dieses Produktes basiert auf ISBN: 3-12-527940-2.

PONS verpflichtet sich, den Zugriff auf die zu diesem Buch passenden
Online-Übungen mindestens bis Ende 2020 zu gewährleisten.
Einen Anspruch der Nutzung darüber hinaus gibt es nicht.

4. Auflage 2019

© PONS GmbH, Stöckachstraße 11, 70190 Stuttgart, 2016
www.pons.de
E-Mail: info@pons.de

Korrektorat: Hermann Tischleder, Trier; Online-Übungen: Paola Kucera
Logoentwurf: Erwin Poell, Heidelberg
Logoüberarbeitung: Sabine Redlin, Ludwigsburg
Titelfoto: Vlado Golub, Stuttgart
Einbandgestaltung: Anne Helbich, Stuttgart
Layout: Petra Michel, Gestaltung & Typografie, Essen
Satz: Satzkasten, Stuttgart
Druck und Bindung: Multiprint GmbH

ISBN: 978-3-12-562766-6

Inhalt

Einleitung **6**

1 **Schrift und Aussprache** **8**
1. Die Vokale 8
    Das Vokalviereck 8
    Die Vokale des Schwedischen 9
2. Die Konsonanten 10
    Die Konsonanten des Schwedischen 11
3. Silbenstruktur 12
    Übersicht über mögliche Silbentypen im Schwedischen
    und Deutschen 13
4. Betonung 14
    Schematische Darstellung des Tonhöhenverlaufs 14
5. Buchstaben und Laute 17
    Das schwedische Alphabet 17
    Von den Buchstaben zu den Lauten 17
6. Silbentrennung 30
7. Groß- und Kleinschreibung 30

2 **Artikel – *Geschlechtswort* und grammatisches Geschlecht** **32**
1. Der unbestimmte Artikel 32
2. Der bestimmte Artikel 32
3. Der freistehende Artikel 34
4. Der Gebrauch der Artikel 36

3 **Das Substantiv – *Hauptwort*** **39**
1. Pluralbildung 39
    Unregelmäßige Pluralbildung 41
    Wörter ohne Plural 41
    Wörter ohne Singular 41
    Übersicht über Deklination und Artikel 42
2. Die Kasus (Fälle) 43

4 **Das Adjektiv – *Eigenschaftswort*** **45**
1. Das starke Adjektiv (Die unbestimmte Form) 45
2. Das schwache Adjektiv (Die bestimmte Form) 48
3. Die Adjektive gammal *(alt)* und liten *(klein)* 48
4. Unveränderliche Adjektive 49
5. Substantivierter Gebrauch von Adjektiven 49
6. Die Komparation (Steigerung) der Adjektive 49

5 **Das Adverb – _Umstandswort_** **54**
1. Bildung des Adverbs 54
2. Die Komparation (Steigerung) der Adverbien 55

6 **Die Pronomen – _Fürwörter_** **57**
1. Personalpronomen (Persönliche Fürwörter) 57
   Anrede 58
   han und _hon_ 58
   den und _det_ 59
2. Possessivpronomen (Besitzanzeigende Fürwörter) 60
   1. und 2. Person 61
   3. Person 61
   Substantivierter Gebrauch 62
3. Demonstrativpronomen (Hinweisende Fürwörter) 63
4. Relativpronomen (Bezügliche Fürwörter) 65
5. Indefinitpronomen (Unbestimmte Fürwörter) 67
6. Interrogativpronomen (Fragende Fürwörter) 71
   Interrogativpronomen in indirekten Fragesätzen 72

7 **Die Numeralien – _Zahlwörter_** **75**
1. Grundzahlen 76
2. Ordnungszahlen 78
3. Zeitangaben, Brüche und anderes 79

8 **Das Verb – _Zeitwort_** **80**
1. Allgemeines 80
   Starke und schwache Verben 80
   Finite und infinite Verbformen 80
   Einfache und zusammengesetzte Zeiten 81
2. Die Konjugationen (Beugungen) 82
   Unregelmäßige Verben 87
3. Hilfsverben und Modalverben 88
4. Der Imperativ (Befehlsform) 91
5. Der Konjunktiv 92
6. Das Passiv (Leideform) 92
   Zur Verwendung des s-Passivs: 93
7. Infinite Verbformen 94
   Der Infinitiv 94
   Das Partizip Präsens (Mittelwort der Gegenwart) 94
   Das Partizip Perfekt (Mittelwort der Vergangenheit) 96
8. Die Verwendung von Präteritum und Perfekt 98
9. Reflexive (Rückbezügliche) Verben 99
10. Zusammengesetzte Verben 99
11. Transitive und intransitive Verben 100

9 **Präpositionen – *Verhältniswörter*** **102**
1. Ort, Raum, Richtung 103
2. Zeit 104
3. Art und Weise, Mittel, Material 104
4. Ursache, Zweck 105

10 ***Konjunktionen – Bindewörter*** **106**
1. Unterordnende Konjunktionen 106
2. Nebenordnende Konjunktionen 107

11 **Satzbau** **112**
1. Satzglieder 112
   Subjekt (Satzgegenstand) 112
   Prädikat (Satzaussage) 112
   Objekt (Ergänzung) 113
   Adverbiale Bestimmungen (Umstandsbestimmungen) 113
   Attribut (Beifügung) 113
   Die Hervorhebung durch Umschreibung mit det är 114
2. Wortstellung von Subjekt und Prädikat 115
   Hauptsätze 115
   Nebensätze 117
3. Stellung der Adverbien im Satz 118
4. Die wichtigsten Unterschiede zum Deutschen
   in der Wortstellung 120
5. Die Abfolge der Objekte und adverbialen
   Bestimmungen im Satz 122
   Hauptsatz 122
   Nebensatz 124
6. Satzgefüge 124
   Subjektsätze 125
   Objektsätze 125
   Adverbialsätze 125
   Attributsätze 125
Einteilung der Nebensätze nach Bedeutung 125

Stichwortregister **127**

Schwedisch ist die offizielle Sprache Schwedens. Auch in Finnland, wo Schwedisch neben dem Finnischen Amtssprache ist, sprechen zirka 300 000 Menschen von Haus aus Schwedisch. Insgesamt gut acht Millionen Menschen haben Schwedisch als Muttersprache.

Wie die übrigen nordischen Sprachen (Dänisch, Färöisch, Isländisch, Norwegisch) ist Schwedisch eine germanische Sprache und als solche mit dem Deutschen und dem Englischen verwandt. Das lässt sich leicht an einigen Beispielen sehen, auch wenn die Wörter verschieden geschrieben und ausgesprochen werden.

dt.	*Haus*	*Schwester*	*leben*	*sauer*
engl.	house	sister	live	sour
schwed.	hus	syster	leva	sur

Die festlandskandinavischen Sprachen sind untereinander ziemlich eng verwandt. Wenn man Dänisch, Norwegisch oder Schwedisch gelernt hat, so kann man die jeweils andere dieser drei Sprachen zumindest teilweise recht gut lesen und verstehen. Natürlich erfordert das etwas Übung. Wenn hier von Schwedisch die Rede ist, so ist damit die geschriebene Sprache gemeint oder die gesprochene Hochsprache (**riksspråket**), die im Wesentlichen große Übereinstimmungen mit der geschriebenen Sprache zeigt. Sie basiert auf den Dialekten in Mittelschweden, d.h. den Gebieten nördlich, westlich und südlich des Seengebiets um Stockholm (*Mälaren*).

Von den schwedischen Dialekten sollen hier zwei Varianten mit großer Sprecherzahl besonders erwähnt werden, nämlich das Südschwedische und das Finnlandschwedische. Ihre auffallendsten Kennzeichen seien hier vorweg kurz genannt. In den Abschnitten über Aussprache und Schrift wird noch ein wenig näher auf Einzelheiten hingewiesen.

Das Südschwedische mit seinem Zentrum in der Landschaft Skåne (*Schonen*) kennt das sonst im Schwedischen vorkommende Zungenspitzen-r nicht, sondern nur ein hinteres Zäpfchen-r, wie es auch von vielen Deutschen gesprochen wird. Wenn Südschweden die Hochsprache sprechen, verwenden sie meist ihr hinteres r. Das Südschwedische hat außerdem häufig Diphthonge, wo das Schwedische einfache Vokale hat. Auch der Tonfall unterscheidet sich, die Melodiebewegungen in der Sprache sind geringer, in Südschweden singt man weniger als in der Hochsprache.

Das Finnlandschwedische (an der Süd- und Westküste Finnlands und auf den Ålandinseln) kennt den Unterschied zwischen Akzent 1 und Akzent 2 nicht (▶ Seite 14 ff.). Wörter wie **tanken** [ˈtaŋkən] *(der Gedanke)* und [ˈtaŋkən] *(der Tank)* werden gleich ausgesprochen. Die Melodiebewegungen sind geringer. Für Deutsche klingt es daher gleichförmiger als die schwedische Hochsprache. Einige Besonderheiten der finnlandschwedischen Aussprache werden im Abschnitt über Schrift und Laute erwähnt.

Darüber hinaus bedeuten manche Wörter im Finnlandschwedischen etwas Anderes als im (Schweden-)Schwedischen, z. B. **batteri** (schw. Batterie, finnl.-schw. Heizelement); und es gibt auch aus dem Finnischen entlehnte speziell finnlandschwedische Wörter, z. B. **kiva** für *gut* (schw. bra).

SCHRIFT UND AUSSPRACHE

1. Die Vokale

Vokale (Selbstlaute) sind Laute, bei deren Bildung die Luft ungehindert ausströmen kann. Man unterscheidet Vokale nach der Lage des höchsten Punktes des Zungenrückens im Mund und der Stellung der Lippen. Der Zungenrücken kann mehr oder weniger gehoben sein, danach teilt man Vokale in verschiedene Öffnungsgrade ein. [i:] wie in dt. *Miete* oder schw. **polis** *(Polizei)* ist ein geschlossener Laut, [a] wie in dt. *hat* oder schw. **katt** *(Katze)* ist ein offener Laut. Der höchste Punkt des Zungenrückens kann vorne im Mund sein oder hinten. Je nachdem spricht man von vorderen oder hinteren Vokalen, [i:] ist ein vorderer Vokal, [u:] wie in dt. *Hut* oder schw. **mod** *(Mut)* ist ein hinterer Vokal. Die Lippen können bei der Aussprache von Vokalen ungerundet oder gerundet sein. [i:] ist ein ungerundeter Vokal, [y:] wie in dt. *müde* oder schw. **hyra** *(mieten)* ist ein gerundeter Vokal. [ʉ:] in schw. **gud** *(Gott)* ist ebenfalls ein gerundeter Vokal. Die Lippen sind ähnlich gerundet wie bei [y:], zusätzlich werden sie aber noch ein wenig nach innen gezogen, etwa so, als wolle man einen Bleistift zwischen den Lippen festhalten. Im Schwedischen bezeichnet man das als **inrundat** *(nach innen gerundet)*. Im Deutschen gibt es nichts direkt Vergleichbares.

Die Lage der Vokale im Mund lässt sich in einem Viereck darstellen. Dieses Viereck zeigt den höchsten Punkt des Zungenrückens im Mund bei der Aussprache des jeweiligen Vokals. Je geschlossener die Vokale sind, umso weiter oben stehen sie im Vokalviereck, je offener sie sind, umso weiter unten stehen sie. Vordere Vokale stehen links, hintere Vokale stehen rechts.

Das Vokalviereck

ungerundet
[i e ɛ æ a]

gerundet
[y ø œ ʉ ɵ u o ɔ ɑ]

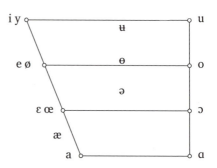

Die Vokale des Schwedischen

'	vor einer Silbe bedeutet, dass die nachfolgende Silbe den Druckakzent oder den zweiten Teil des musikalischen Akzents erhält (▸ S. 14 ff.)		
ˇ	vor einer Silbe bedeutet, dass die nachfolgenden Silben den musikalischen Akzent erhalten (▸ S. 14 ff.)		
:	bedeutet, dass der vorausgehende Laut lang zu sprechen ist		
[i:]	langes sehr geschlossenes i, etwas geschlossener als in dt. *Miete*	polis	[po'li:s]
[i]	kurzes geschlossenes i, etwas geschlossener als in dt. *Mitte*	inte	[ˇintə]
[e:]	langes geschlossenes e, wie in dt. *Beet*	ensam	[ˇe:nsam]
[e]	kurzes geschlossenes e, etwa wie in engl. *bed* (dieser Laut wird von vielen als [ɛ] gesprochen)	enda	[ˇenda]
[ɛ:]	langes offenes e, wie in dt. *Räte*	läder	['lɛ:dər]
[ɛ]	kurzes offenes e, wie in dt. *rette*	hellre	['hɛlrə]
[æ:]	langes sehr offenes e, kommt nur vor r und selten vor j vor	här	[hæ:r]
[æ]	kurzes sehr offenes e, kommt nur vor r und selten vor j vor	herre	[ˇhærə]
[ɑ:]	langes hinteres gerundetes a, ähnlich wie in engl. *father*	mat	[mɑ:t]
[a]	kurzes vorderes a, etwa wie in dt. *hat*	katt	[kat]
[y:]	langes geschlossenes ü, etwa wie in dt. *Hüte*	hyra	[ˇhy:ra]
[y]	kurzes ü, etwa wie in dt. *Hütte*	hydda	[ˇhyd:a]
[ø:]	langes geschlossenes ö, etwa wie in dt. *böse*	löv	[lø:v]
[ø]	kurzes geschlossenes ö	mjölk	[mjølk]
[œ:]	langes offenes ö, wie in frz. *sœur*, kommt nur vor r vor	göra	[ˇjœ:ra]

[œ]	kurzes offenes ö, wie in dt. *Röcke*, kommt nur vor r vor	mörk	[mœrk]
[ʉː]	langer geschlossener ü-Laut, ähnlich wie im Dt. jedoch mit leicht nach innen gezogenen Lippen	gud	[gʉːd]
[ɵ]	der vorhergehende Laut kurz, ähnlich wie in frz. *le*	guld	[gɵld]
[ə]	Murmelvokal wie in dt. *bitte*, immer unbetont	kaffe	[ˇkafːə]
[uː]	langes geschlossenes u, etwa wie in dt. *Mut*	mode	[ˈmuːdə]
[u]	kurzes geschlossenes u, etwas geschlossener als in dt. *Mutter*	kort	[kuʈ]
[oː]	langes geschlossenes o, wie in dt. *Ofen*	gård	[goːɖ]
[ɔ]	kurzes offenes o, etwas geschlossener als dt. *hoffen*	gång	[gɔŋ]

2. Die Konsonanten

Konsonanten (Mitlaute) heißen solche Laute, bei deren Bildung die ausströmende Luft eingeengt oder gestoppt wird. Man unterscheidet die Konsonanten nach der Art wie sie gebildet werden. Plosive oder Verschlusslaute sind solche Laute, bei denen das Ausströmen der Luft unterbrochen wird. Im Schwedischen gibt es folgende Verschlusslaute:

stimmlos   [p t ʈ k]
stimmhaft   [b d ɖ g]

Nasale oder Nasenlaute sind solche Laute, bei denen die Luft durch die Nase entweicht. Im Schwedischen gibt es folgende Nasenlaute:

[m n ɳ ŋ]

Laterale oder Seitenlaute sind solche Laute, bei denen die Luft auf einer Seite oder auf beiden Seiten der Zunge entweicht, im Schwedischen gibt es folgende Seitenlaute:

[l ɭ]

Vibranten oder Schwinglaute sind solche Laute, bei denen das Zäpfchen oder die Zungenspitze hin- und herschwingt. Im Schwedischen gibt es folgenden Schwinglaut:

[r]

Frikative oder Reibelaute sind solche Laute, bei denen die ausströmende Luft eingeengt wird. Im Schwedischen gibt es folgende Reibelaute:

stimmlos   [f s ʃ ʂ ç h]
stimmhaft   [v j]

Die Konsonanten des Schwedischen

[p]	stimmloses p wie in dt. *Pol*	pengar	[ˇpɛŋːar]
[b]	stimmhaftes b (auch am Wortende!) wie in dt. *Bohne*	backe	[ˇbakːə]
[t]	stimmloses t wie in dt. *Tal*	tid	[tiːd]
[d]	stimmhaftes d (auch am Wortende!) wie in dt. *Delle*	dam	[dɑːm]
[ʈ]	stimmloses t mit zurückgebogener Zungenspitze, in Südschweden stattdessen Zäpfchen-r + [t], in Finnland Zungenspitzen-r + [t]	ort	[uʈ]
[ɖ]	stimmhaftes d mit zurückgebogener Zungenspitze, in Südschweden stattdessen Zäpfchen-r + [d], in Finnland Zungenspitzen-r + [d]	gård	[goːɖ]
[k]	stimmloses k wie in dt. *Kahn*	kall	[kalː]
[g]	stimmhaftes g (auch am Wortende!) wie in dt. *Gans*	gata	[ˇgɑːta]
[m]	wie in dt. *mit*	mat	[mɑːt]
[n]	wie in dt. *Nase*	näsa	[ˈnɛːsa]
[ɳ]	n-Laut mit zurückgebogener Zungenspitze, in Südschweden stattdessen Zäpfchen-r + [n], in Finnland Zungenspitzen-r + [n]	barn	[bɑːɳ]

[ŋ]	ng-Laut wie in dt. *lang*	lång	[lɔŋ]
[l]	l-Laut wie in dt. *Luft*	löv	[løːv]
[ɭ]	l-Laut mit zurückgebogener Zungenspitze, in Südschweden stattdessen Zäpfchen-r + [l], in Finnland Zungenspitzen-r + [l]	pärla	[ˇpæːɭa]
[r]	gerolltes Zungenspitzen-r, in Südschweden statt des Zäpfchen-r (r + t, d, n, l, s ▶ S. 29 f.)	göra	[ˇjøːra]
[f]	stimmloses f wie in dt. *fallen*	far	[fɑːr]
[v]	stimmhaftes v (auch am Wortende!) wie in dt. *Wasser, Vase*	vecka	[ˇvekːa]
[s]	stimmloses ß wie in dt. *reißen, lassen*	sak	[sɑːk]
[ʂ]	s-Laut mit zurückgebogener Zungenspitze, in Südschweden stattdessen Zäpfchen-r + [s], in Finnland Zungenspitzen-r + [ʃ]	person	[pæˈʂuːn]
[ʃ]	sch-Laut wie in dt. *Tisch*, die Lippen jedoch nicht gerundet; in einem großen Teil Schwedens wird stattdessen [ɧ] gesprochen (gleichzeitiger sch-Laut und ach-Laut)	variation	[variaˈʃuːn]
[ç]	ich-Laut wie in dt. *Licht*, in manchen Teilen Schwedens als [tç] gesprochen, in Finnland immer so	kedja	[ˇçeːdja]
[j]	j-Laut wie in dt. *jede*	gärna	[ˇjæːɳa]
[h]	h-Laut wie in dt. *Halle*	hals	[hals]

3. Silbenstruktur

Die schwedische Silbenstruktur unterscheidet sich in einem wesentlichen Punkt von der deutschen. Nach einem betonten kurzen Vokal kann im Schwedischen nur ein langer Konsonant oder mehrere Konsonanten stehen. Lange Konsonanten gibt es in der deutschen Standardaussprache allenfalls in Zusammensetzungen. Ein Vergleich der möglichen Silbentypen in beiden Sprachen zeigt die Unterschiede. Dabei bedeuten:

V kurzer betonter Vokal
V: langer betonter Vokal
K kurzer Konsonant
K: langer Konsonant
KK zwei (und mehrere) verschiedene Konsonanten
... an dieser Stelle kann etwas vorausgehen oder folgen

Übersicht über mögliche Silbentypen im Schwedischen und Deutschen

Typ	schwed.	dt.
...VK...	nicht möglich	[hat] *hat*
...VK:...	[hat:] hatt *(Hut)*	in einfachen Wörtern nicht möglich, kann nur in Zusammensetzungen entstehen, z. B. [ˈapːɛlən] *abpellen*
...VKK...	[hast] hast *(Hast)*	[hast] *Hast*
...V:K...	[biːt] bit *(Bissen)*	[gəˈbiːt] *Gebiet*
...V:K:...	[muːtːɑː] motta(ga) *(entgegennehmen)* nur in zusammengesetzten Wörtern, mot + taga	[ˈbluːtːaːt] *Bluttat* nur in zusammengesetzten Wörtern
...V:KK...	[fiːnt] fint *(fein)* nur in Verbindung mit Endungen, z. B. fin + -t als Neutrumendung	[vyːst] *wüst* [voːnt] *wohnt* im Dt. auch in einfachen Wörtern möglich

 Um einen deutschen Akzent zu vermeiden, muss man im Schwedischen bei Wörtern mit kurzem Vokal besonders darauf achten, danach einen deutlich langen Konsonanten auszusprechen. Da ein Konsonant nach kurzem Vokal immer lang sein muss, wird in den meisten Umschriften die Länge des Konsonanten nicht bezeichnet. Im Folgenden wird die Länge einfacher Konsonanten angegeben. Folgen auf einen kurzen Vokal zwei Konsonanten in derselben Silbe, so ist gewöhnlich der erste Konsonant auch etwas länger als der zweite. Dies wird hier nicht eigens angegeben.

4. Betonung

Das Schwedische unterscheidet zwischen dem Druckakzent (auch
Akzent 1 genannt) und dem musikalischen Akzent (auch Akzent 2
genannt). Der Druckakzent entspricht der Betonung im Deutschen,
den musikalischen Akzent gibt es im Standarddeutschen nicht. Der
Druckakzent wird in der Transkription durch ein , vor der zu betonenden
Silbe wiedergegeben:

vatten	[ˈvatːən]	*Wasser*
potatis	[puˈtɑːtis]	*Kartoffel*

Der musikalische Akzent ist ein zusammengesetzter Akzent mit fallen-
dem Ton auf der Silbe mit Hauptbetonung und höher fallendem Ton auf
der folgenden oder einer späteren Silbe. Zusammengesetzte Wörter
haben einen dem musikalischen Akzent vergleichbaren Akzent. Dort
liegt der erste Teil des musikalischen Akzents, die Hauptbetonung, auf
derjenigen Silbe im ersten Teil der Zusammensetzung, die auch im nicht
zusammengesetzten Wort die Hauptbetonung trägt. Der zweite Teil
des Akzents liegt im zweiten Teil der Zusammensetzung auf derjenigen
Silbe, die im nicht zusammengesetzten Wort betont wäre. Einsilbige
Wörter können keinen musikalischen Akzent erhalten. Der musikalische
Akzent wird in der Transkription mit ˇ vor der hauptbetonten Silbe
wiedergegeben. Fällt, besonders in zusammengesetzten Wörtern, die
Nebenbetonung nicht auf die unmittelbar folgende Silbe, so wird die
nebenbetonte Silbe durch ˈ gekennzeichnet:

öre	[œːrə]	*Öre*
vykort	[ˇvyːkuʈː]	*Ansichtskarte*
uppehåll	[ˇɵpːəˈhɔlː]	*Aufenthalt*

Schematische Darstellung des Tonhöhenverlaufs

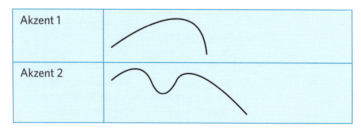

Die doppelte Betonung der Wörter *blutarm* [ˈbluːtˈarm] in der Bedeutung
ganz arm und *steinreich* [ˈʃtainˈraiç] in der Bedeutung *sehr reich* ähnelt
dem musikalischen Akzent. Dagegen entspricht ihre Betonung in der

Bedeutung *arm an Blut* [ˈbluːtarm] und *mit vielen Steinen* [ˈʃtainraiç] dem Druckakzent.
Beispiele für Wortpaare, die sich nur durch unterschiedliche Akzentsetzung unterscheiden:

anden	[ˈandən]	best. Sg. von and	*Ente*
	[ˇandən]	best. Sg. von ande	*Geist*
buren	[ˈbʉːrən]	best. Sg. von bur	*Käfig*
	[ˇbʉːrən]	Ptz. Perf. von bära	*getragen*
stegen	[ˈsteːgən]	best. Sg. von steg	*Schritt*
	[ˇsteːgən]	best. Sg. von stege	*Leiter*
tanken	[ˈtaŋkən]	best. Sg. von tank	*Tank*
	[ˇtaŋkən]	best. Sg. von tanke	*Gedanke*
tomten	[ˈtomtən]	best. Sg. von tomt	*Grundstück*
	[ˇtomtən]	best. Sg. von tomte	*Wichtel*

Im Satzzusammenhang ordnet sich die Wortbetonung der Satzbetonung unter. Die schwedische Satzbetonung ist der deutschen ähnlich. Nur die im Satz betonten Wörter behalten ihre volle Wortbetonung, die übrigen sind weniger betont oder unbetont. Wörter mit Akzent 2 können im Satzzusammenhang Akzent 1 erhalten, z. B.:

| **gammal** | [ˇgamːal] | *alt* |
| **för gammal** | [fœˈgamːal] | *zu alt* |

Bis zu einem gewissen Grad ist vorhersagbar, welche Wörter Akzent 1 und welche Wörter Akzent 2 haben. Die folgenden Regeln sollen helfen grobe Fehler zu vermeiden. Die Betonung muss bei jedem Wort mitgelernt werden.

Akzent 1 haben:

1. viele zweisilbige Wörter auf **-el, -en, -er**

- Singularformen von Substantiven, z. B.

fågel	[ˈfoːgəl]	*Vogel*
vatten	[ˈvatːən]	*Wasser*
vinter	[ˈvintər]	*Winter*

- einige Pluralformen, z. B.

| **böcker** | [ˈbøkːər] | *Bücher* |
| **händer** | [ˈhɛndər] | *Hände* |

- Verben mit der Präsensendung **-er**, z. B.

kommer	[ˈkɔmːər]	*kommt*
sover	[ˈsoːvər]	*schläft*
vinner	[ˈvinːər]	*gewinnt*

2. die bestimmten Formen einsilbiger Substantive und mehrsilbiger, oft endbetonter Substantive mit Akzent 1, z. B.

posten	[ˈpɔstən]	*die Post*
böckerna	[ˈbøkːəɳa]	*die Bücher*
huset	[ˈhʉːsət]	*das Haus*
universitetet	[ɵnivæʂiˈteːtət]	*die Universität*

3. Komparative auf **-re**, z. B.

större	[ˈstœrːə]	*größer*
mindre	[ˈmindrə]	*kleiner*

4. Wörter mit unbetonten Vorsilben (auch wenn das Wort ohne Vorsilbe Akzent 2 hat) und Fremdwörter auf **-era** [eːra] (entspricht dt. *-ieren*), z. B.

förlora	[fœˈlʉːra]	*verlieren*
behålla	[bəˈhɔlːa]	*behalten*
likvidera	[likviˈdeːra]	*liquidieren*

5. viele Fremdwörter und Adjektive auf **-isk**, z. B.

taxi	[ˈtaksi]	*Taxi*
praktisk	[ˈpraktisk]	*praktisch*
alfabetisk	[alfaˈbeːtisk]	*alphabetisch*

Akzent 2 haben:

1. Infinitive, soweit sie nicht Akzent 1 nach Regel 4 haben, z. B.

komma	[ˇkɔmːa]	*kommen*
sova	[ˇsoːva]	*schlafen*
vinna	[ˇvinːa]	*gewinnen*

2. viele Plurale auf **-or** oder **-ar**, z. B.

systrar	[ˇsystrar]	*Schwestern*
flickor	[ˇflikːur]	*Mädchen*

3. Komparative auf **-are** und Superlative auf **-ast**, z. B.

starkare	[ˇstarkare]	*stärker*
starkast	[ˇstarkast]	*am stärksten*

4. die meisten zusammengesetzten Wörter, z. B.

invånare	[ˇinːvoːnarə]	*Einwohner*
matsedel	[ˇmɑːtseːdəl]	*Speisekarte*
frihet	[ˇfriːheːt]	*Freiheit*

5. Buchstaben und Laute

Das schwedische Alphabet

A a	[ɑː]	K k	[koː]	U u	[ʉː]
B b	[beː]	L l	[ɛlː]	V v	[veː]
C c	[seː]	M m	[ɛmː]	W w	[ˇdəbːəl veː]
D d	[deː]	N n	[ɛnː]	X x	[ɛks]
E e	[eː]	O o	[uː]	Y y	[yː]
F f	[ɛfː]	P p	[peː]	Z z	[ˇsɛːta]
G g	[geː]	Q q	[kʉː]	Å å	[oː]
H h	[hoː]	R r	[ærː]	Ä ä	[ɛː]
I i	[iː]	S s	[ɛsː]	Ö ö	[øː]
J j	[jiː]	T t	[teː]		

Vokalbuchstaben sind   a, e, i, o, u, y, å, ä, ö.
Konsonantenbuchstaben sind   b, c, d, f, g, h, j, k, l, m, n, p, q, r, s, t, v, w, x, z.

Von den Buchstaben zu den Lauten

In der folgenden Zusammenstellung finden sich nur die wichtigsten
Entsprechungen zwischen Buchstaben und Lauten in betonter Silbe.
Auf einige Besonderheiten in unbetonten Silben wird jedoch hingewie-
sen. Vorauszuschicken ist, dass unbetonte Vokale immer kürzer sind als
betonte. Für die Konsonanten spielt die Betonung eine geringere Rolle.
Für zusammengesetzte Wörter und Wörter mit Vorsilben oder Endun-
gen gelten die Regeln so, als seien die Wörter in ihre Bausteine zerlegt,
also **matsedel** in **mat+sedel**, **behålla** in **be+hålla**, **farlig** in **far+lig**, **fint** in
fin+t. Das ist besonders zu beachten, wenn man die Konsonanten zählt,
die einem Vokal folgen. Es werden jeweils nur die Konsonanten bis zu
der Stelle gezählt, an der die Endung beginnt oder bei Zusammenset-

zungen das Grundwort. Also auf **n** in **fint** folgt somit 1(!) Konsonant im Stamm, da das folgende **-t** Endung ist, auf **a** in **matsedel** folgt 1 (!) Konsonant, da das Wort zusammengesetzt ist usw. Ausnahmen werden bei den entsprechenden Konsonantengruppen eigens vermerkt

Buch-stabe(n)	Aus-sprache	Bedingung, Vorkommen		
a	1. [ɑː]	vor einem Konsonanten, am Wortende, vor rd, rl, rn		
		mat	[mɑːt]	*Essen*
		jag	[jɑːg]	*ich*
		barn	[bɑːɳ]	*Kind*
	2. [a]	vor mehreren Konsonanten oder vor x		
		alla	[ˇalːa]	*alle*
		hand	[hand]	*Hand*
		mars	[maʂː]	*März*
		vax	[vaks]	*Wachs*
	3. [a]	unbetont auch vor einem Konsonanten		
		kamel	[kaˈmeːl]	*Kamel*
b	[b]	immer		
		barn	[bɑːɳ]	*Kind*
		bra	[brɑː]	*gut*
		tub	[tʉːb]	*Tube*
bb	[bː]	vor einem Vokal und am Wortende, sonst [b]		
		ebb	[ɛbː]	*Ebbe*
c	[s]	vor e, i, y, ä, ö (= vordere Vokale)		
		cykel	[ˈsykːəl]	*Fahrrad*
	[k]	vor a, o, u, å (= hintere Vokale) und vor Konsonanten		
		cancer	[ˈkansər]	*Krebs*
		clou	[kluː]	*Clou*
cc	[ks]	kommt nur in Fremdwörtern vor		
		acceptera	[aksepˈteːra]	*akzeptieren*

Buch-stabe(n)	Aus-sprache	Bedingung, Vorkommen		
ch	[ʃ]	in vielen Fremdwörtern		
		chikan	[ʃiˈkɑːn]	*Schikane*
		lunch	[lønʃ]	*Mittagessen*
	[ç]	in einzelnen Fremdwörtern		
		check	[çɛkː]	*Scheck*
ck	[kː]	immer		
		vecka	[ˇvekːa]	*Woche*
d	[d]	immer		
		du	[dʉː]	*du*
		land	[land]	*Land*
		jedoch fällt in der Umgangssprache [d] am Wortende nach Vokal häufig aus		
		bröd	[brøː]	*Brot*
dd	[dː]	vor Vokal und am Wortende, sonst [d]		
		kudde	[ˇkødːə]	*Kissen*
dj	[j]	am Wortanfang, sonst [dj]; im Finnlandschwedischen auch am Wortanfang [dj]		
		djur	[jʉːr]	*Tier*
e	1. [eː]	vor einem Konsonanten, vor rd, rl, rn und am Wortende		
		leva	[ˇleːva]	*leben*
		ge	[jeː]	*geben*
		herde	[ˇheːɖə]	*Hirte*
	2. [e]	in einigen Wörtern vor zwei Konsonanten		
		enda	[ˇenda]	*einzig*
		unbetont häufig in Fremdwörtern, wenn die betonte Silbe folgt		
		republik	[repøˈbliːk]	*Republik*

Buch-stabe(n)	Aus-sprache	Bedingung, Vorkommen		
e	3. [ɛ]	vor mehreren Konsonanten oder vor x		
		svensk	[svɛnsk]	*schwedisch*
	4. [æ]	vor r + weiterem Konsonanten (außer vor rd, rl, rn)		
		berg	[bærj]	*Berg*
	5. [ə]	unbetont, besonders in Vorsilben und Endungen		
		begripa påse huset	[bəˈgriːpa] [ˇpoːsə] [ˈhʉːsət]	*begreifen* *Tüte* *das Haus*
f	[f]	immer		
		föra efter	[ˇfœːra] [ˈɛftər]	*führen* *nach*
ff	[fː]	vor einem Vokal und am Wortende, sonst [f]		
		träffa	[ˇtrɛfːa]	*treffen*
g	1. [g]	vor a, o, u, å und vor [ə]; vor Konsonant		
		gata grön fågel	[ˇgɑːta] [grøːn] [ˈfoːgəl]	*Straße* *grün* *Vogel*
	2. [j]	nach l oder r; vor e, i, y, ä, ö in schwedischen Wörtern und vielen Fremdwörtern		
		älg get genuin	[ɛlj] [jeːt] [jen*ˈiːn]	*Elch* *Ziege* *genuin*
	3. [ŋ]	in der Verbindung gn, wenn n zum Stamm gehört		
		regna vagn	[ˇrɛŋna] [vaŋn]	*regnen* *Wagen*
	4. [ʃ]	in einigen Fremdwörtern vor e		
		geni	[ʃeˈniː]	*Genie*

Buch-stabe(n)	Aus-sprache	Bedingung, Vorkommen		
g	5. [g̊]	weniger stimmhaft zwischen kurzem Vokal und s oder t		
		sagt dagsnyheter	[sag̊t] [ˇdag̊snyˈheːtər]	*gesagt* *Nachrichten*
	6. –	beim normalen Sprechen fällt [g] ganz weg in den Adjektivendungen -ig und -lig sowie bei dem Wort jag *(ich)*, wenn es nicht besonders hervorgehoben werden soll		
		trolig möjligtvis jag	[ˇtruːli] [ˇmøjlitˈviːs] [jɑː]	*wahrscheinlich* *möglicherweise* *ich*
		aber		
		jaget	[ˈjɑːgət]	*das Ich*
gg	[gː]	vor einem Vokal und am Wortende, sonst [g]		
		vagga	[ˇvagːa]	*Wiege*
gj	[jː]	am Wortanfang, sonst [gj]		
		gjorde	[ˇjuːdə]	*machte*
h	[h]	immer		
		hand	[hand]	*Hand*
hj	[j]	am Wortanfang		
		hjul	[jʉːl]	*Rad*
i	1. [iː]	vor einem Konsonanten		
		hit	[hiːt]	*hierher*
	2. [i]	vor mehreren Konsonanten oder vor x		
		bild blixt	[bild] [blikst]	*Bild* *Blitz*
j	1. [j]	in schwedischen Wörtern		
		jag höjd	[jɑː] [højd]	*ich* *Höhe*

21

Buch-stabe(n)	Aus-sprache	Bedingung, Vorkommen		
j	2. [ʃ]	in einigen Fremdwörtern		
		journalist	[ʃuɳaˈlist]	*Journalist*
k	1. [k]	vor a, o, u, å, vor Konsonanten und in einigen Fremdwörtern		
		kalla klok kö	[ˇkalːa] [kluːk] [køː]	*rufen* *klug* *Schlange*
	2. [ç]	vor e, i, u, ä, ö		
		kedja köra	[ˇçeːdja] [ˇçœːra]	*Kette* *fahren*
kj	[ç]	am Wortanfang, sonst [kj]		
		kjol	[çuːl]	*Kleid*
l	1. [l]	fast immer		
		mål	[moːl]	*Ziel*
	2. –	fällt aus in wenigen Wörtern		
		värld karl	[vɛːɖ] [kɑːr]	*Welt* *Kerl*
lj	[j]	am Wortanfang, sonst [lj]		
		ljuga välja	[ˇjʉːga] [ˇvɛlja]	*lügen* *wählen*
ll	[lː]	vor einem Vokal und am Wortende, sonst [l]		
		kall	[kalː]	*kalt*
m	1. [m]	am Wortanfang und im Wortinnern; am Wortende nach einem Langvokal		
		mor jama	[muːr] [ˇjɑːma]	*Mutter* *miauen*
m	2. [mː]	nach einem Kurzvokal am Wortende		
		kam	[kamː]	*Kamm*

Buch-stabe(n)	Aus-sprache	Bedingung, Vorkommen		
mm	[m:]	vor einem Vokal und am Wortende, sonst [m]		
		lamm	[lam:]	*Lamm*
		kamma	[ˇkam:a]	*kämmen*
n	1. [n]	am Wortanfang und im Wortinnern; am Wortende nach einem Langvokal		
		ny	[ny:]	*neu*
		andra	[ˇandra]	*andere*
	2. [n:]	nach einem Kurzvokal am Wortende und in dem Wort honom		
		men	[mɛn:]	*aber*
		honom	[ˇhɔn:ɔm]	*ihm, ihn*
	3. [ŋ]	in einigen französischen Lehnwörtern, teilweise wechselnd mit der Aussprache [n]		
		intressant	[intrɛˈsaŋt]	*interessant*
		pension	[paŋˈʃuːn]	*Pension*
		annons	[aˈnɔŋs]	*Anzeige*
ng	1. [ŋ:]	vor einem Vokal und am Wortende		
		många	[ˇmɔŋ:a]	*viele*
		lång	[lɔŋ:]	*lang*
	2. [ŋ]	vor einem Konsonant		
		längd	[lɛŋd]	*Länge*
nk	[ŋk]	immer		
		blänka	[ˇblɛŋka]	*blinken*
nn	[n:]	vor einem Vokal und am Wortende, sonst [n]		
		minne	[ˇmin:e]	*Gedächtnis*
o	1. [o:]	vor einem Konsonanten, aber in einigen Ausnahmen auch vor zwei Konsonanten		
		honung	[ˇhoːnəŋ]	*Honig*
		moln	[moːln]	*Wolke*

Buchstabe(n)	Aussprache	Bedingung, Vorkommen		
o	2. [ɔ]	vor mehreren Konsonanten (außer rd, rl, rn) oder x, aber in einigen Ausnahmen auch vor nur einem Konsonaten		
		kofta	[ˇkɔfta]	*Strickjacke*
		honom	[ˇhɔnːɔm]	*ihm, ihn*
	3. [uː]	vor einem Konsonanten oder am Wortende		
		bro	[bruː]	*Brücke*
		mot	[muːt]	*gegen*
	4. [u]	häufig unbetont vor einer betonten Silbe		
		potatis	[puˈtɑːtis]	*Kartoffel*
p	[p]	immer		
		park	[park]	*Park*
		köp	[çøːp]	*Kauf*
pp	[pː]	vor einem Vokal und am Wortende, sonst [p]		
		kappa	[ˇkapːa]	*Mantel*
		lapp	[lapː]	*Zettel*
qu/qv	[kv]	kommt nur in Namen vor		
		Almqvist	[ˇalmkvist]	*Almqvist*
r	[r]	immer		
		resa	[ˇreːsa]	*reisen*
rd	[ɖ]	immer, aber ▸ auch Seite 29 f.		
		jord	[juːɖ]	*Erde*
rds	[ɖʂ]	meist, manchmal auch als [ɖs]		
		värdshus	[ˇvɛːɖʂhɯːs]	*Wirtshaus*
rl	[ɭ]	immer, aber ▸ auch Seite 29 f.		
		kärl	[çæːɭ]	*Gefäß*
rn	[ɳ]	immer, aber ▸ auch Seite 29 f.		
		stjärna	[ˇçæːɳa]	*Stern*

Buch-stabe(n)	Aus-sprache	Bedingung, Vorkommen		
rr	[r:]	vor einem Vokal und am Wortende, sonst [r]		
		darra	[ˇdar:a]	*zittern*
rs	[ʂ:]	immer, aber ▸ auch Seite 29 f.		
		kors	[kɔʂ]	*Kreuz*
rt	1. [ʈ:]	nach einem Kurzvokal, aber ▸ auch Seite 29 f.		
		kort	[kɔʈ:]	*kurz*
	2. [ʈ]	nach einem Langvokal, aber ▸ auch Seite 29 f.		
		hjortron	[ˇjuːʈrɔn]	*Multebeere*
s	[s]	immer stimmlos		
		söt	[søːt]	*süß*
sc	1. [ʃ]	in einigen Fremdwörtern		
		fascinera	[faʃiˈneːra]	*faszinieren*
	2. [s]	in einigen Fremdwörtern		
		scen	[seːn]	*Szene*
sch	1. [ʃ]	in vielen Fremdwörtern		
		schakt	[ʃakt]	*Schacht*
	2. [sk]	in einigen Fremdwörtern		
		schizofren	[skitsoˈfreːn]	*schizophren*
sh	[ʃ]	in einigen Fremdwörtern		
		shoppa	[ˇʃɔp:a]	*shoppen*
si	[ʃ]	in einigen Fremdwörtern		
		pension	[paŋˈʃuːn]	*Pension*
sj	[ʃ]	immer		
		själ	[ʃɛːl]	*Seele*
sk	1. [ʃ]	vor e, i, y, ä, ö		
		skära	[ˇʃæːra]	*schneiden*

Buch-stabe(n)	Aus-sprache	Bedingung, Vorkommen		
sk	2. [sk]	vor a, o, u, å oder vor Konsonanten		
		skål	[skoːl]	*Prost*
		svensk	[svɛnskt]	*schwedisch (n)*
skj	[ʃ]	am Wortanfang		
		skjuta	[ˇʃʉːta]	*schießen*
ss	[sː]	vor einem Vokal und am Wortende, sonst [s]		
		kassa	[ˇkasːa]	*Kasse*
		pass	[pasː]	*Pass*
ssi	[ʃ]	in einigen Fremdwörtern		
		mission	[miˈʃuːn]	*Mission*
ssj	[ʃː]	in wenigen Wörtern		
		hyssja	[ˇhyʃːa]	*‚pst' rufen*
stj	[ʃ]	am Wortanfang		
		stjärna	[ˇʃæːîɳ*a]	*Stern*
t	[t]	immer		
		tänka	[ˇtɛŋka]	*denken*
		höst	[høst]	*Herbst*
ti	1. [ʃ]	in einigen Fremdwörtern		
		station	[staˈʃuːn]	*Bahnhof*
	2. [tʃ]	in einigen Fremdwörtern		
		nation	[naˈtʃuːn]	*Nation*
tj	[ç]	am Wortanfang		
		tjuv	[çʉːv]	*Dieb*
tt	[tː]	vor einem Vokal und am Wortende, sonst [t]		
		skratta	[ˇskratːa]	*lachen*
		katt	[katː]	*Katze*

Buch-stabe(n)	Aus-sprache	Bedingung, Vorkommen		
u	1. [ʉ:]	vor einem Konsonanten oder am Wortende		
		ljud	[jʉ:d]	*Laut*
		du	[dʉ:]	*du*
	2. [ɵ]	vor mehreren Konsonanten oder vor x		
		hund	[hɵnd]	*Hund*
		vuxen	[ˇvɵksən]	*erwachsen*
v	[v]	immer		
		vägg	[vɛg:]	*Wand*
		behov	[bəˈhu:v]	*Bedarf*
x	[ks]	immer		
		växa	[ˇvæksa]	*wachsen*
y	1. [y:]	vor einem Konsonanten, am Wortende		
		hyra	[ˇhy:ra]	*mieten*
		ny	[ny:]	*neu*
	2. [y]	vor mehreren Konsonanten oder vor x		
		tyst	[tyst]	*still*
		yxa	[ˇyksa]	*Axt*
	3. [œ]	in dem Wort		
		fyrtio	[ˈfœʈ:i]	*vierzig*
z	1. [s]	in Fremdwörtern		
		zon	[so:n]	*Zone*
		mazarin	[masaˈri:n]	*ein Gebäck*
	2. [ts]	in wenigen Fremdwörtern		
		schizofren	[skitsoˈfre:n]	*schizophren*
å	1. [o:]	vor einem Konsonanten, am Wortende, vor rd, rl, rn		
		mål	[mo:l]	*Ziel*
		rå	[ro:]	*roh*
		gård	[go:ɖ]	*Hof*

Buch-stabe(n)	Aus-sprache	Bedingung, Vorkommen		
å	2. [ɔ]	vor mehreren Konsonanten (außer rd, rl, rn)		
		gått	[gɔtː]	*gegangen*
ä	1. [ɛː]	vor einem Konsonanten (außer r oder x) und am Wortende		
		läkare fä	[ˇlæːkarə] [fɛː]	*Arzt* *Vieh*
	2. [æː]	vor r am Wortende, vor r + Vokal, vor rd, rl, rn		
		här bära värde	[hæːr] [ˇbæːra] [ˇvæːɖə]	*hier* *tragen* *Wert*
	3. [ɛ]	vor mehreren Konsonanatenbuchstaben (außer r + Konsonant) und vor x		
		kälke växa	[ˇçɛlkə] [ˇvɛksa]	*Schlitten* *wachsen*
	4. [æ]	vor r + Konsonant (außer rd, rl, rn)		
		värme färs	[ˇværmə] [fæʂ]	*Wärme* *Hackfleisch*
ö	1. [øː]	vor einem Konsonanten (außer r oder x) und am Wortende		
		böta kö	[ˇbøːta] [køː]	*Strafe zahlen* *Schlange*
	2. [œː]	vor r am Wortende, vor r + Vokal, vor rd, rl, rn		
		smör före hörn	[smœːr] [ˇfœːrə] [hœːɳ]	*Butter* *vor* *Ecke*
	3. [ø]	vor mehreren Konsonanten (außer r + Konsonant) und vor x		
		mjölk	[mjølk]	*Milch*
	4. [œ]	vor r + Konsonant (außer rd, rl, rn)		
		smörja	[ˇsmœːrja]	*schmieren*

Anmerkung zu rd, rl, rn, rs, rt

Für alle diese Buchstabenfolgen gilt, dass sie auch über Wortfugen hinaus als [ɖ], [ɭ], [ɳ], [ʂ], [ʈ] gesprochen werden. Man nennt diese Laute, die mit leicht zurückgebogener Zungenspitze ausgesprochen werden, Retroflexe (auf Schwedisch auch **supradentaler**). Die Varianten des Schwedischen (Südschweden und Finnland), die im Wort keine Retroflexe kennen, haben natürlich auch in der Wortfuge und an Wortgrenzen diese Laute nicht.

fördela	[fœˈɖeːla]	*verteilen*
vårdag	[ˇvoːɖɑːg]	*Frühlingstag*
förlora	[fœˈɭuːra]	*verlieren*
nederlag	[ˇneːdəˈɭɑːg]	*Niederlage*
förneka	[fœˈɳeːka]	*verneinen*
efternamn	[ˇɛftəˈɳamn]	*Nachname*
försvara	[fœˈʂvɑːra]	*verteidigen*
systerson	[ˇsystəˈʂoːn]	*Neffe*
förtulla	[fœˈʈɵlːa]	*verzollen*

Beim schnellen Sprechen werden die Buchstabenfolgen *rd, rl, rn, rs, rt* auch über Wortgrenzen hinaus als Retroflexe ausgesprochen. Die Häufigkeit ihres Vorkommens hängt vor allem von der Sprechgeschwindigkeit ab. Je schneller gesprochen wird, umso mehr Retroflexe kommen vor. Darüber hinaus spielen auch individuelle Gewohnheiten eine Rolle. Nur wenn zwischen zwei Wörtern eine Pause gemacht wird, bleiben immer beide Laute im Auslaut und Anlaut erhalten.

Beispiele für Retroflexe im Satz

Vad kostar det?	[vɑː ˇkɔstaɖeː]	*Was kostet das?*
Var ligger stationen?	[vɑː ˇɭigːər staˈʃuːnən]	*Wo ist der Bahnhof?*
Har ni mjölk?	[hɑːɳiˈmjølk]	*Haben Sie Milch?*
När skall du börja?	[næːʂkadɵ ˇbœrja]	*Wann wirst du anfangen?*
Vi stannar till i morgon.	[viː ˇstanːaʈil i ˇmɔrːɔn]	*Wir bleiben bis morgen.*

6. Silbentrennung

Im Schwedischen kann man Wörter nach zwei Prinzipien trennen:

1. nach Bildungssilben: Dabei werden Zusammensetzungen getrennt, Vorsilben, Endungen usw. abgetrennt.

för-ord-et	*Vorwort*
be-kant-skaps-krets-en	*der Bekanntenkreis*

2. nach Sprechsilben: Ein einzelner Konsonant kommt dabei auf die nächste Zeile, bei mehreren Konsonanten jeweils der letzte.

ve-ta	*wissen*
sit-ta	*sitzen*
poj-ke	*Junge*
frans-ka	*französisch*

Wenn Buchstabengruppen für einen Laut stehen, dürfen sie nicht getrennt werden, z. B. ng in **ringer** *(ruft an)* oder ck in Wörtern wie **tackar** *(dankt)* können nur **ring-er**, **tack-ar** getrennt werden.

Der Buchstabe x kommt nie auf die nächste Zeile, man trennt z. B. **väx-er** *(wächst)*. Buchstabenverbindungen außer -ssi- , die den ʃ-Laut bezeichnen, werden nicht getrennt, also nur **männi-ska** *(Mensch)*, **fa-scinera** *(faszinieren)*, aber **mis-sion** *(Mission)*.

7. Groß- und Kleinschreibung

Großbuchstaben schreibt man im Schwedischen

1. am Satzanfang, nach Punkt, nach Frage- und Ausrufezeichen;

2. in Eigennamen.

Sverige	*Schweden*
Lars och Eva	*Lars und Eva*

Besteht ein Eigenname aus zwei Wörtern und das zweite ist ein gewöhnliches Substantiv, so schreibt man nur das erste Wort groß.

Stilla havet	*der Stille Ozean*
Förenta staterna	*die Vereinigten Staaten*

3. Anredewörter in Briefen sind manchmal noch großgeschrieben, ebenso Titel als Anrede in Briefen.

Du, Din	*Du, Dein*
Ni, Er	*Sie, Ihnen*
Kära Professor Lund!	*Sehr geehrte Frau Professor Lund!*
Käre Professor Lund!	*Sehr geehrter Herr Professor Lund!*

Alles andere schreibt man klein.

ARTIKEL – *GESCHLECHTSWORT* UND GRAMMATISCHES GESCHLECHT

Im Schwedischen werden bei Artikel, Substantiv und Adjektiv nur zwei Geschlechter unterschieden, nämlich Utrum (männlich und weiblich) und Neutrum (sächlich); bei den Pronomen (Fürwörtern) werden wie im Deutschen drei Geschlechter unterschieden. Die Zugehörigkeit eines Substantivs zur Klasse der Utrum-Wörter oder der Neutrum-Wörter ist an der Form des Artikels zu sehen. An der Form des Substantivs allein ist das Geschlecht nicht zu erkennen.

1. Der unbestimmte Artikel

Im Singular steht der unbestimmte Artikel vor dem Substantiv und heißt im Utrum **en**, im Neutrum **ett**. Im Plural gibt es keinen unbestimmten Artikel.

Utrum	**en** stol	*ein Stuhl*
	en banan	*eine Banane*
	en kniv	*ein Messer*
Neutrum	**ett** äpple	*ein Apfel*
	ett bageri	*eine Bäckerei*
	ett barn	*ein Kind*

2. Der bestimmte Artikel

Der bestimmte Artikel ist kein selbstständiges Wort wie im Deutschen, sondern eine Endung, die an das Substantiv angehängt wird. Steht ein Adjektiv vor dem Substantiv, so wird ein zusätzlicher bestimmter Artikel gebraucht (▸ Seite 34 f.).

Im Singular heißt der angehängte bestimmte Artikel im Utrum **-en**, wenn das Wort auf einen Konsonanten auslautet. Er heißt **-n**, wenn das Wort auf Vokal oder unbetonten Vokal + **-l** oder **-r** auslautet. Im Neutrum heißt der bestimmte Artikel **-et**, wenn das Wort auf einen Konsonanten auslautet; er heißt **-t**, wenn das Wort auf einen unbetonten Vokal auslautet. Wörter, die auf einen betonten Vokal auslauten, wie z. B. **knä** (*Knie*), können entweder die Artikelform mit **-e-** oder ohne **-e-** erhalten, also **knäet** oder **knät** (*das Knie*). Alle Utrum-Wörter auf **-an** und viele Fremdwörter auf **-en** fügen keinen bestimmten Artikel mehr an, z. B. **början** (*Anfang / der Anfang*) oder **examen** (*Examen / das Examen*). Bei diesen Wörtern sind unbestimmte und bestimmte Form gleich.

Bei bestimmten Formen treten Stammveränderungen auf:

1. Wörter mit Akzent 1, die auf unbetontes **-el**, **-en**, **-er** enden, verlieren dieses **-e-**, wenn der Artikel angehängt wird, z. B.

vatten ▸ **vattnet**	*(das) Wasser*
medel ▸ **medlet**	*(das) Mittel*
fönster ▸ **fönstret**	*(das) Fenster*

Ausnahmen:

bäcken ▸ **bäckenet**	*(das) Becken*
cykel ▸ **cykeln**	*(das) Fahrrad*

2. Wörter auf **-eum**, **-ium** und einige auf **-um** verlieren das **-um**, wenn der bestimmte Artikel angehängt wird:

museum ▸ **museet**	*(das) Museum*
gymnasium ▸ **gymnasiet**	*(das) Gymnasium*
centrum ▸ **centret**	*(das) Zentrum*

Ausnahmen:

album ▸ **albumet**	*(das) Album*
datum ▸ **datumet**	*(das) Datum*

3. Manche Wörter haben, vor allem umgangssprachlich, in ihrer bestimmten Form Kurzformen, z. B.

staden ▸ **stan**	*die Stadt*
dagen ▸ **dan**	*der Tag*

Singular	unbestimmte Form		bestimmte Form	
Utrum	**stol**	*Stuhl*	**stolen**	*der Stuhl*
	flicka	*Mädchen*	**flickan**	*das Mädchen*
	början	*Anfang*	**början**	*der Anfang*
	fruktan	*Furcht*	**fruktan**	*die Furcht*
	fodran	*Forderung*	**fodran**	*die Forderung*
Neutrum	**glas**	*Glas*	**glaset**	*das Glas*
	äpple	*Apfel*	**äpplet**	*der Apfel*
	fönster	*Fenster*	**fönstret**	*das Fenster*
	vatten	*Wasser*	**vattnet**	*das Wasser*
	museum	*Museum*	**museet**	*das Museum*

Im Plural (Mehrzahl) heißt der bestimmte Artikel bei allen Utrum-Wörtern und wenigen Neutrum-Wörtern **-na**, bei Neutrum-Wörtern der 5. Deklination (▸ Seite 41 ff.) **-en**, bei den anderen Neutrum-Wörtern **-a**. Der bestimmte Artikel im Plural wird an die Pluralendung des Substantivs angehängt. Bei den Wörtern, die keine Pluralendung haben, wird er direkt an den Stamm angehängt.

Wörter, die auf unbetontes **-el**, **-en**, **-er** enden und den bestimmten Artikel **-en** im Plural erhalten, verlieren das **-e-** vor dem Pluralartikel; alternativ haben sie oft eine umgangssprachliche Form auf **-na** ohne **e-**Ausfall.

Plural	unbestimmte Form		bestimmte Form	
Utrum	**stolar**	*Stühle*	**stolarna**	*die Stühle*
	kattar	*Katzen*	**kattarna**	*die Katzen*
	lärare	*Lehrer/innen*	**lärarna**	*die Lehrer/innen*
Neutrum	**bagerier**	*Bäckereien*	**bagerierna**	*die Bäckereien*
	hus	*Häuser*	**husen**	*die Häuser*
	knän	*Knie*	**knäna**	*die Knie*
	fönster	*Fenster*	**fönstren**	*die Fenster*
			fönstrena	

Bemerkung zur Aussprache: Das **n** des bestimmten Artikels im Plural wird zusammen mit dem **r** der Pluralendung zu [ŋ], also **stolarna** [ˈstuːlaːŋa] usw. (▸ Seite 29 f.)

3. Der freistehende Artikel

Steht vor einem Substantiv in bestimmter Form ein Adjektiv, so muss dem Adjektiv in der Regel ein zusätzlicher bestimmter Artikel vorangestellt werden. Das Substantiv ist dann doppelt bestimmt. Dieser Artikel hat folgende Formen:

Utrum	den
Neutrum	det
Plural	de

Übersicht über die verschiedenen Artikel

	unbestimmt		bestimmt	
Utrum	**en dörr** **en stor** **dörr**	*eine Tür* *eine große* *Tür*	**dörren** **den stora** **dörren**	*die Tür* *die große* *Tür*
Neutrum	**ett hus** **ett stort** **hus**	*ein Haus* *ein großes* *Haus*	**huset** **det stora** **huset**	*das Haus* *das große* *Haus*
	unbestimmt		bestimmt	
Plural	**dörrar** **stora dörrar** **hus** **stora hus**	*Türen* *große Türen* *Häuser* *große Häuser*	**dörrarna** **de stora** **dörrarna** **husen** **de stora** **husen**	*die Türen* *die großen* *Türen* *die Häuser* *die großen* *Häuser*

Für die Formen des Adjektivs ▶ Seite 45 ff.:

In Eigennamen, Ortsbezeichnungen und festen Ausdrücken kann der freistehende Artikel fehlen. Es steht dann bei Substantiven nur der angehängte Artikel bzw. bei Namen kein Artikel. So bezeichnet **trötta Lena** (*müde Lena*) ohne den vorangestellten freistehenden Artikel eine Frau, der man diesen Namen gegeben hat, während **den trötta Lena** (*die müde Lena*) mit freistehendem Artikel eine Frau mit Namen Lena bezeichnet, die gerade müde ist. Beispiele für Namen ohne freistehenden bestimmten Artikel sind:

Stilla oceanen   *der Stille Ozean*
Franska revolutionen   *die Französische Revolution*

Der freistehende Artikel fehlt weiterhin vor **hela** und **halva**, wenn sie unmittelbar vor dem Substantiv stehen.

Hon arbetade hela dagen.   *Sie arbeitete den ganzen Tag.*
Han arbetar halva veckan.   *Er arbeitet die halbe Woche.*

Auch vor Adjektiven, die eine Lage oder Reihenfolge angeben, fehlt der freistehende Artikel.

förra året   *letztes Jahr. das letzte Jahr*
högra, vänstra foten   *der rechte, linke Fuß*

övre, nedre delen	*der obere, untere Teil*
första, sista kapitlet	*das erste, letzte Kapitel*

In Überschriften, Schlagzeilen und in der Umgangssprache kann der freistehende Artikel fehlen.

---

4. Der Gebrauch der Artikel

Wie im Deutschen kann auch im Schwedischen ein Substantiv ohne Artikel, mit unbestimmtem Artikel oder mit bestimmtem Artikel stehen.

Hier können nur allgemeine Regeln gegeben werden, im Einzelfall ist der Gebrauch der Artikel oft eine Frage des Stils. (▸ auch Seite 73 f. Übersicht über bestimmte und unbestimmte Form von Adjektiv und Substantiv nach gewissen Wörtern oder Konstruktionen.)

Das Substantiv steht <u>ohne</u> Artikel

1. wenn das Substantiv nicht näher (z. B. durch ein Adjektiv, durch einen Relativsatz) bestimmt ist, bei Berufs-, Nationalitäts- und Religionsbezeichnungen, bei der Bezeichnung von philosophischer oder politischer Gruppenzugehörigkeit:

Hon är läkare.	*Sie ist Ärztin.*
Han är italienare.	*Er ist Italiener.*
Han är katolik.	*Er ist Katholik.*
Hon är socialist.	*Sie ist Sozialistin.*

2. bei Stoff- oder Materialbezeichnungen oder bei Angabe der Ausstattung:

Vi åt kött idag.	*Wir aßen heute Fleisch.*
Jag dricker kaffe.	*Ich trinke Kaffee.*
Klockan är gjord av guld.	*Die Uhr ist aus Gold (gemacht).*
Huset har (en) trädgård.	*Das Haus hat einen Garten.*
rum med dusch och toalett	*Zimmer mit Bad und Toilette*

3. bei Angabe von Verkehrsmitteln:

Jag åker buss varje dag.	*Ich fahre täglich mit dem Bus.*
Vi åker tunnelbana.	*Wir fahren mit der U-Bahn.*
Turisterna kom med tåg.	*Die Touristen kamen mit dem Zug.*

4. bei Substantiven, die Abstrakta (auch Sprachen) bezeichnen:

Jag kände rädsla.	*Ich empfand Furcht.*
I regel är det så.	*In der Regel ist das so.*
Hon tittade med intresse.	*Sie schaute mit Interesse.*
Eva pratar (bra) svenska.	*Eva spricht (gut) Schwedisch.*

5. bei Werkzeugen, Instrumenten, Spielen u. ä.:

spela fiol	*Geige spielen*
skriva (på) maskin	*(auf der) Maschine schreiben*
spela schack	*Schach spielen*
gå på bio	*ins Kino gehen*

6. nach vorausgehendem Genitiv:

familjens bil	*das Auto der Familie*
Evas bok	*Evas Buch*

7. bei Personennamen und vielen geographischen Namen:

Eva och Lars bor i Malmö.	*Eva und Lars wohnen in Malmö.*
Vi reste genom Schweiz.	*Wir reisten durch die Schweiz.*

Aber <u>mit</u> bestimmtem Artikel:

Mongoliet	*die Mongolei*
Förenta staterna	*die Vereinigten Staaten*

Das Substantiv steht mit dem unbestimmten Artikel

1. wenn man von einer (noch) unerwähnten oder unbekannten Person, Sache oder Angelegenheit spricht:

Jag har köpt en cykel.	*Ich habe ein Fahrrad gekauft.*
Varje svensk familj har en sommarstuga.	*Jede schwedische Familie hat ein Sommerhaus.*
Titta en älg!	*Schau, ein Elch!*

2. vor einem Substantiv mit näherer Bestimmung durch vorausgehendes Adjektiv oder Relativsatz:

Hon är en bra läkare.	*Sie ist eine gute Ärztin.*
Han är en lärare, som ...	*Er ist ein Lehrer, der ...*
Det var ett dyrt vin.	*Das war ein teurer Wein.*

Im Plural steht häufig **några** *(einige)* in der Funktion eines unbestimmten Artikels:

Jag har köpt några böcker.	*Ich habe (einige) Bücher gekauft.*

Unbestimmter Artikel und artikellose Form im Vergleich:

Han åt smörgås.	*Er aß Butterbrot (und kaute nicht*
Han åt en smörgås.	*Kaugummi).*
	Er aß ein Butterbrot (und nicht
	Kuchen).

Das Substantiv mit bestimmtem Artikel (zum Gebrauch des freistehenden bestimmten Artikels ▸ Seite 34 f.) steht

1. wenn von einer bereits erwähnten oder näher bestimmten Person, Sache oder Angelegenheit die Rede ist:

Han är mannen vi träffade i Stockholm.	*Er ist der Mann, den wir in Stockholm trafen.*
Hon köpte en ny bil, men nu tänker hon sälja bilen igen.	*Sie kaufte ein neues Auto, aber nun hat sie vor, das Auto wieder zu verkaufen.*

2. zur Bezeichnung der Sorte oder Art als Ganzes:

Är kvinnan jämställd?	*Ist die Frau gleichberechtigt?*
Katten är ett husdjur.	*Die Katze ist ein Haustier.*
Brödet har blivit dyrare.	*(Das) Brot ist teuer geworden.*

3. bei personifizierten abstrakten Substantiven:

livet	*das Leben*
döden	*der Tod*
sanningen	*die Wahrheit*

4. bei der Anrede in der 3. Person, bei Amtsbezeichnungen oder Titeln:

Var så god, professorn.	*Bitte sehr, Herr/Frau Professor. (wörtl.: der/die Professor/in)*
God dag, doktorn.	*Guten Tag, Herr/Frau Doktor. (wörtl.: der/die Doktor/in)*

DAS SUBSTANTIV – *HAUPTWORT*

1. Pluralbildung

Die schwedischen Substantive lassen sich nach ihrer Pluralbildung in 5 Deklinationen (Beugungen) einteilen. Neben diesen regelmäßigen gibt es auch unregelmäßige Pluralbildungen, die auf einige Wörter beschränkt sind.

1. Deklination

Diese Deklination hat im Plural die Endung **-or** [ur], heute üblicherweise [ər] gesprochen. Substantive, die auf **-a** im Singular enden, verlieren dieses **-a** vor der Pluralendung. Substantive, die auf unbetontes **-er** oder **-el** enden, verlieren ihr **-e-** vor der Pluralendung. Zur 1. Deklination gehören nur Utrum-Wörter.

Singular		Plural	
en ros	*eine Rose*	**två ros**or	*zwei Rosen*
en blomma	*eine Blume*	**två blomm**or	*zwei Blumen*
en toffel	*ein Pantoffel*	**två toffl**or	*zwei Pantoffeln*
en åder	*eine Ader*	**två ådr**or	*zwei Adern*

2. Deklination

Diese Deklination hat im Plural die Endung **-ar**. Substantive, die auf **-e** enden, verlieren dieses **-e-** vor der Pluralendung. In dieser Deklination kommen auch Wörter mit Vokalveränderung im Stamm (sog. Umlaut) vor, dabei wird o zu ö. Substantive, die auf unbetontes **-el**, **-en**, **-er** enden, verlieren das **-e-** vor der Pluralendung. Zur 2. Deklination gehören nur Utrum-Wörter.

Singular		Plural	
en arm	*ein Arm*	**två arm**ar	*zwei Arme*
en bro	*eine Brücke*	**två bro**ar	*zwei Brücken*
en pojke	*ein Junge*	**två pojk**ar	*zwei Jungen*
en syster	*eine Schwester*	**två systr**ar	*zwei Schwestern*
en mo(de)r	*eine Mutter*	**två mödr**ar	*zwei Mütter*

3. Deklination

Diese Deklination hat die Pluralendung **-er** oder **-r**. In dieser Deklination kommen folgende Umlaute vor: **a** zu **ä**, **å** zu **ä**, **o** zu **ö**. Langer Stammvokal im Singular kann im Plural gekürzt sein. Substantive, die auf unbetontes **-el**, **-er** enden, verlieren dieses **-e-** vor der Pluralendung. Ebenso fallen unbetontes **-a**, **-o** und **-um** aus. Bei einigen Wörtern verschiebt sich die Betonung: **pro'fessor**, aber **profes'sorer**. Zur 3. Deklination gehören sowohl Utrum-Wörter als auch Neutrum-Wörter.

Singular		Plural	
en katt	*eine Katze*	**två katter**	*zwei Katzen*
en händelse	*ein Ereignis*	**två händelser**	*zwei Ereignisse*
en sko	*ein Schuh*	**två skor**	*zwei Schuhe*
ett bageri	*eine Bäckerei*	**två bagerier**	*zwei Bäckereien*
en hand	*eine Hand*	**två händer**	*zwei Hände*
en stång	*eine Stange*	**två stänger**	*zwei Stangen*
en bok	*ein Buch*	**två böcker**	*zwei Bücher*
en get	*eine Ziege*	**två getter**	*zwei Ziegen*
en fot	*ein Fuß*	**två fötter**	*zwei Füße*
en fabel	*eine Fabel*	**två fabler**	*zwei Fabeln*
en historia	*eine Geschichte*	**två historier**	*zwei Geschichten*
ett museum	*ein Museum*	**två museer**	*zwei Museen*

4. Deklination

Diese Deklination, zu der nur Neutrum-Wörter gehören, hat die Pluralendung **-n**.

Singular		Plural	
ett äpple	*ein Apfel*	**två äpplen**	*zwei Äpfel*
ett knä	*ein Knie*	**två knän**	*zwei Knie*

5. Deklination

Diese Deklination hat keine Endung im Plural. Singular und Plural sind gleich oder unterscheiden sich nur durch Umlaut. Zu dieser Deklination gehören sowohl Utrum-Wörter als auch Neutrum-Wörter.

Singular		Plural	
ett hus	*ein Haus*	**två hus**	*zwei Häuser*
en lärare	*ein Lehrer*	**två lärare**	*zwei Lehrer*
en broder	*ein Bruder*	**två bröder**	*zwei Brüder*
en man	*ein Mann*	**två män**	*zwei Männer*

Unregelmäßige Pluralbildung

Einige Wörter bilden den Plural nach keiner der beschriebenen fünf Deklinationen.

Singular		Plural	
ett öga	*ein Auge*	**två ögon**	*zwei Augen*
ett öra	*ein Ohr*	**två öron**	*zwei Ohren*

Wörter ohne Plural

Einige Substantive kommen nur im Singular vor. Es handelt sich besonders um abstrakte Substantive, die auf **-an** enden.

en önskan   *ein Wunsch*

Um die Pluralbedeutung dieser Wörter auszudrücken, wird ein anderes Wort verwendet, in diesem Beispiel **önskningar** *(Wünsche)*.

Wörter ohne Singular

Einige Wörter kommen nur im Plural vor.

anor	*Vorfahren, Ahnen*
glasögon	*Brille*
grönsaker	*Gemüse*
pengar	*Geld*

Übersicht über Deklination und Artikel

	Singular		Plural	
	unbestimmt	bestimmt	unbestimmt	bestimmt
1.	ros	rosen	rosor	rosorna
	Rose	*die Rose*	*Rosen*	*die Rosen*
	blomma	blomman	blommor	blommorna
	Blume	*die Blume*	*Blumen*	*die Blumen*
	toffel	toffeln	tofflor	tofflorna
	Pantoffel	*der Pantoffel*	*Pantoffeln*	*die Pantoffeln*
2.	stol	stolen	stolar	stolarna
	Stuhl	*der Stuhl*	*Stühle*	*die Stühle*
	pojke	pojken	pojkar	pojkarna
	Junge	*der Junge*	*Jungen*	*die Jungen*
	syster	systern	systrar	systrarna
	Schwester	*die Schwester*	*Schwestern*	*die Schwestern*
	bro	bron	broar	broarna
	Brücke	*die Brücke*	*Brücken*	*die Brücken*
	mo(de)r	mo(de)rn	mödrar	mödrarna
	Mutter	*die Mutter*	*Mütter*	*die Mütter*
3.	katt	katten	katter	katterna
	Katze	*die Katze*	*Katzen*	*die Katzen*
	sko	skon	skor	skorna
	Schuh	*der Schuh*	*Schuhe*	*die Schuhe*
	bok	boken	böcker	böckerna
	Buch	*das Buch*	*Bücher*	*die Bücher*
	bageri	bageriet	bagerier	bagerierna
	Bäckerei	*die Bäckerei*	*Bäckereien*	*die Bäckereien*

	Singular		Plural	
	unbestimmt	bestimmt	unbestimmt	bestimmt
3.	hand	handen	händer	händerna
	Hand	*die Hand*	*Hände*	*die Hände*
	museum	museet	museer	museerna
	Museum	*das Museum*	*Museen*	*die Museen*
4.	äpple	äpplet	äpplen	äpplena
	Apfel	*der Apfel*	*Äpfel*	*die Äpfel*
	knä	knät	knän	knäna
	Knie	*das Knie*	*Knie*	*die Knie*
5.	hus	huset	hus	husen
	Haus	*das Haus*	*Häuser*	*die Häuser*
	lärare	läraren	lärare	lärarna
	Lehrer	*der Lehrer*	*Lehrer*	*die Lehrer*
	man	mannen	män	männen
	Mann	*der Mann*	*Männer*	*die Männer*

2. Die Kasus (Fälle)

Im Schwedischen gibt es nur zwei verschiedene Fälle, nämlich Grundform und Genitiv. Der Genitiv wird durch Anhängen von **-s** gebildet. Dieses Genitivzeichen ist für Singular und Plural gleich. In der unbestimmten Form wird es direkt an das Wort angehängt, in der bestimmten Form wird es an den bestimmten Artikel angehängt.

	Singular		Plural	
	unbestimmt	bestimmt	unbestimmt	bestimmt
wer wem	blomma barn	blomman barnet	blommor barn	blommorna barnen
wessen	blommas barns	blommans barnets	blommors barns	blommornas barnens

Endet ein Wort bereits auf **-s**, **-x** oder **-z**, so wird kein weiteres **-s** mehr angefügt. Grundform und Genitiv sind dann gleich. In Texten findet man in diesem Fall häufig ein Apostroph bei Namen zur Kennzeichnung des Genitivs. Bei gewöhnlichen Substantiven (**hus** usw.) wird der Genitiv in der unbestimmten Form eher vermieden.

Lars bok	*Lars(ens) Buch*
Max' bil	*das Auto von Max, Max' Auto*

Orts-, Familien- und Firmennamen können, auch wenn sie nicht auf **-s** enden, in der Grundform Genitivbedeutung haben.

Uppsala domkyrka	*der Dom von Uppsala*
Mora knäckebröd	*Mora-Knäckebrot*

Geht der Genitiv einem Substantiv voraus, so kann nur der Genitiv den bestimmten Artikel haben. Im Schwedischen kommt der vorausgehende Genitiv häufig vor.

blommans färg	*die Farbe der Blume*
	(wörtl. der Blume Farbe)

In festen Wendungen und in einigen zusammengesetzten Wörtern sind noch alte Genitivformen erhalten.

hus till salu	*Haus zu verkaufen* (wörtl.: *zum Verkauf*)
gå till handa	*zur Hand gehen*
gatukök	*Imbissstand* (wörtl.: *Straßenküche*)
barnaögon	*Kinderaugen*

Auch bei Maß- und Zeitangaben findet sich häufig der Genitiv.

ett par timmars sömn	*ein paar Stunden Schlaf*
sjuttio meters djup	*siebzig Meter tief*
ett fem våningars hus	*ein Haus mit fünf Etagen*

DAS ADJEKTIV – *EIGENSCHAFTSWORT*

Adjektive geben in der Regel eine Beschaffenheit an oder kennzeichnen eine charakteristische Eigenschaft des zugehörigen Substantivs. Das Schwedische unterscheidet wie das Deutsche zwischen starkem und schwachem Adjektiv. Das starke Adjektiv steht allein oder mit dem unbestimmten Artikel, im Schwedischen deshalb unbestimmte Form genannt (vgl. ein gute**r** Apfel). Das schwache Adjektiv steht mit dem bestimmten Artikel, im Schwedischen deshalb bestimmte Form genannt (vgl. der gut**e** Apfel).

1. Das starke Adjektiv (Die unbestimmte Form)

Das starke Adjektiv richtet sich in Geschlecht und Zahl nach dem zugehörigen Substantiv. Das starke Adjektiv hat drei Formen:

	Singular	Plural
Utrum	ohne Endung	-a
Neutrum	-t	-a

Anders als im Deutschen, wo das Adjektiv in prädikativer Stellung unveränderlich ist, stehen im Schwedischen die flektierten Formen auch in prädikativer Stellung.

Utrum (adj.) Utrum (präd.)	**Jag ser en stor kyrka.** **Kyrkan är stor.**	*Ich sehe eine große Kirche.* *Die Kirche ist groß.*
Neutrum (adj.) Neutrum (präd.)	**Jag ser ett stort hus.** **Huset är stort.**	*Ich sehe ein großes Haus.* *Das Haus ist groß.*
Plural (adj.) Plural (präd.) Plural (adj.) Plural (präd.)	**Jag ser stora kyrkor.** **Kyrkorna är stora.** **Jag ser stora hus.** **Husen är stora.**	*Ich sehe große Kirchen.* *Die Kirchen sind groß.* *Ich sehe große Häuser.* *Die Häuser sind groß.*

Auch Prädikatsergänzungen richten sich in Geschlecht und Zahl nach dem zugehörigen Substantiv.

Utrum	**Hon målade stolen grön.**	*Sie strich den Stuhl grün an.*
Neutrum	**Han målar bordet gult.**	*Er streicht den Tisch gelb an.*
Plural	**De gjorde oss glada.**	*Sie machten uns froh.*

In bestimmten Fällen kann das Adjektiv im Neutrum stehen, obwohl das Bezugswort offensichtlich Utrum ist oder im Plural steht.

Fisk är gott.	*Fisch ist gut.*
Mjölk är hälsosamt.	*Milch ist gesund.*
Nya skor skulle vara fint.	*Neue Schuhe wären schön.*

Diese Sätze lassen sich als Verkürzung von Sätzen erklären, in denen sich das Adjektiv nach **något** als Bezugswort bezieht und nicht auf das vorausgehende Substantiv.

Fisk är något gott.	*Fisch ist etwas Gutes.*
Mjölk är något hälsosamt.	*Milch ist etwas Gesundes.*
Nya skor skulle vara något fint.	*Neue Schuhe wären etwas Schönes.*

Einige Adjektive bilden unregelmäßige Formen. Bei der Bildung der Neutrum- und Pluralformen des Adjektivs sind folgende Regeln zu beachten:

a) Adjektive, die auf einen betonten Langvokal enden, erhalten im Neutrum Kurzvokal **+ tt**.

Utrum	Neutrum	Plural	
ny	**nytt**	**nya**	*neu*
fri	**fritt**	**fria**	*frei*
blå	**blått**	**blåa**	*blau*

b) Einsilbige Adjektive, die auf einen Langvokal **+ t** enden, erhalten im Neutrum Kurzvokal **+ tt**.

Utrum	Neutrum	Plural	
vit	**vitt**	**vita**	*weiß*
våt	**vått**	**våta**	*nass*

c) Mehrsilbige Adjektive, die auf einen betonten Vokal **+ t** enden, fügen im Neutrum <u>kein</u> weiteres **t** an.

Utrum	Neutrum	Plural	
absolut	**absolut**	**absoluta**	*absolut*

d) Adjektive, die auf einen Konsonant **+ t** enden, fügen im Neutrum <u>kein</u> weiteres **t** mehr an.

Utrum	Neutrum	Plural	
intressant	**intressant**	**intressanta**	*interessant*
trött	**trött**	**trötta**	*müde*

e) Adjektive, die auf einen Langvokal **+ d** enden, erhalten im Neutrum Kurzvokal + **tt**.

Utrum	Neutrum	Plural	
röd	**rött**	**röda**	*rot*

f) Adjektive, die auf einen Konsonanten **+ d** enden, verändern im Neutrum dieses **d** zu **t**.

Utrum	Neutrum	Plural	
hård	**hårt**	**hårda**	*hart*

g) Adjektive, die auf unbetontes **-en** enden, verändern im Neutrum das **n** zu **t**, vor der Pluralendung fällt das **e** aus.

Utrum	Neutrum	Plural	
vaken	**vaket**	**vakna**	*wach*
mogen	**moget**	**mogna**	*reif*

h) Adjektive, die auf unbetontes **-el**, **-er** enden, verlieren vor der Pluralendung das **e**.

Utrum	Neutrum	Plural	
enkel	**enkelt**	**enkla**	*einfach*
vacker	**vackert**	**vackra**	*hübsch*

2. Das schwache Adjektiv (Die bestimmte Form)

Das schwache Adjektiv ist mit der Pluralform des starken Adjektivs identisch, es hat also für beide Geschlechter im Singular und im Plural nur eine Form auf **-a**.

Das schwache Adjektiv steht bei der bestimmten Form des Substantivs, in der Regel verbunden mit einem zusätzlichen freistehenden bestimmten Artikel (▸ Seite 34 f.). Zum Wegfall des freistehenden Artikels ▸ Seite 36.

	Singular	Plural
Utrum	**den stora kyrkan** *die große Kirche*	**de stora kyrkorna/husen** *die großen Kirchen/Häuser*
Neutrum	**det stora huset** *das große Haus*	

Im Singular wird bisweilen bei Substantiven (auch Namen), die männliche Personen bezeichnen, statt **-a** die alte männliche Form auf **-e** gebraucht. Für weibliche Personen wird immer die Endung **-a** gebraucht.

den lille/lilla pojken	*der kleine Junge*
Käre vän!	*Lieber Freund!*
Kära vänninna!	*Liebe Freundin!*
Käre Lars!	*Lieber Lars!*
Kära Anna!	*Liebe Anna!*

3. Die Adjektive gammal *(alt)* und liten *(klein)*

Die Adjektive **gammal** und **liten** bilden besondere Formen.

		Singular	Plural
Utrum	stark (unbestimmt)	**gammal** **liten**	
	schwach (bestimmt)	**gamla** **lilla**	**gamla** **små**
Neutrum	stark (unbestimmt)	**gammalt** **litet**	
	schwach (bestimmt)	**gamla** **lilla**	

en gammal/liten bil	*ein altes/kleines Auto*
ett gammalt/litet hus	*ein altes/kleines Haus*
två gamla/små bilar/hus	*zwei alte/kleine Autos/Häuser*
den gamla/lilla bilen	*das alte/kleine Auto*
det gamla/lilla huset	*das alte/kleine Haus*
de gamla/små bilarna/husen	*die alten/kleinen Autos/Häuser*

4. Unveränderliche Adjektive

Einige Adjektive sind unveränderlich. Sie haben, unabhängig davon, ob sie in Singular oder Plural, bestimmt oder unbestimmt gebraucht werden, immer dieselbe Form. Zu dieser Gruppe gehören

bra	*gut*	**gratis**	*kostenlos*
extra	*extra*	**stackars**	*arm,*
gammaldags	*altmodisch*	**lagom**	*bedauernswert*
äkta	*echt*	**u. a.**	*genau richtig*

Vi fick gratis material.	*Wir bekamen kostenloses Material.*
Böckerna är bra.	*Die Bücher sind gut.*
De stackars människorna!	*Die armen Leute!*
Det är en gammaldags åsikt.	*Das ist eine altmodische Ansicht.*

5. Substantivierter Gebrauch von Adjektiven

Adjektive und Partizipien (▸ Seite 96 ff.) können als Substantive gebraucht werden. In dieser Funktion erhalten sie zwar die Genitiv-endung **-s** des Substantivs, flektieren aber ansonsten wie Adjektive:

en bekant	*ein Bekannter/eine Bekannte*
två bekanta	*zwei Bekannte*
Både unga och gamla var glada.	*Jung und Alt waren fröhlich.*
	(wörtl. *Junge und Alte*)
den ordförandes uppgift	*die Aufgabe des/der Vorsitzenden*

6. Die Komparation (Steigerung) der Adjektive

Das Adjektiv hat neben dem Positiv (Grundstufe) die beiden Stei-gerungsstufen Komparativ (erste Steigerungsstufe) und Superlativ (zweite Steigerungsstufe). Die Formen werden zum Teil durch Anhän-gen von Endungen (synthetisch) gebildet, zum Teil (analytisch) durch das Voranstellen von **mer(a)** *(mehr)* und **mest** *(meist)* vor das Adjektiv.

Die meisten Adjektive bilden den Komparativ auf **-are**, den Superlativ auf **-ast**.

fin	**fin**are	**fin**ast	*fein*
billig	**billig**are	**billig**ast	*billig*

Adjektive, die auf unbetontes **-el**, **-en**, **-er** enden, verlieren das **-e-** vor den Endungen **-are** und **-ast**.

enkel	enklare	enklast	*einfach*
vacker	vackrare	vackrast	*hübsch*
mogen	mognare	mognast	*reif*

Einige Adjektive bilden den Komparativ auf **-re**, den Superlativ auf **-st**. Sie haben meist Umlaut.

ung	yngre	yngst	*jung*
tung	tyngre	tyngst	*schwer*
stor	större	störst	*groß*
grov	grövre	grövst	*grob*
låg	lägre	lägst	*niedrig*
lång	längre	längst	*lang*
trång	trängre	trängst	*eng*
få	färre		*wenige*
små	smärre		*klein, unbedeutend*
hög	högre	högst	*hoch*

Mehrsilbige Adjektive auf **-sk**, **-isk** und **-ad** sowie die Partizipien werden mit **mer(a)** und **mest** gesteigert.

typisk	mera typisk	mest typisk	*typisch*
begåvad	mera begåvad	mest begåvad	*begabt*
förstående	mera förstående	mest förstående	*verständnisvoll*

Eine Reihe von Adjektiven wird unregelmäßig gesteigert.

dålig	sämre	sämst	*schlecht*
dålig	värre	värst	
god	bättre	bäst	*gut*
god	godare	godast	
gammal	äldre	äldst	*alt*
liten	mindre	minst	*klein*
många	fler(a)	flest	*viele*

Anmerkungen zur unregelmäßigen Steigerung:

sämre, sämst verwendet man, um anzugeben, dass jemand oder etwas weniger, am wenigsten gute Eigenschaften hat, also schlechter, am schlechtesten ist; **värre, värst** verwendet man, wenn jemand oder etwas mehr, am meisten schlechte Eigenschaften hat, also schlimmer, am schlimmsten ist. In der Umgangssprache kommt auch **dåligare, dåligast** vor, besonders wenn von schlechtem Gesundheitszustand die Rede ist.

Hon var sjuk i går.	*Sie war gestern krank.*
I dag är hon sämre.	*Heute geht es ihr schlechter.*
Han är den sämsta.	*Er ist der schlechteste (Leistung).*
Han är den värsta.	*Er ist der schlimmste (Störenfried).*

Godare, godast verwendet man nur in der Bedeutung *besser, am besten schmeckend* von Speisen und Getränken.

Brödet hemma är godare.	*Das Brot zu Hause ist/schmeckt besser.*

Einige Adjektive, die Platz oder Reihenfolge bezeichnen, haben ähnlich wie im Deutschen keine Positivform. Viele von ihnen haben als Superlativendung **-erst**, z. B.:

bakre	*hintere*	**bakerst**	*hinterste*
inre	*innere*	**innerst**	*innerste*
undre	*untere*	**underst**	*unterste*
förra	*vordere*	**först**	*vorderste*
u. a.			

Fjärran *(fern)* und **nära** *(nahe)* fügen in Komparativ und Superlativ ein **-m-** ein.

fjärran	fjärmare	*fjärmast*
nära	närmare	*närmast*

Komparationsformen werden wie im Deutschen vor allem zum Vergleich gebraucht. Das Vergleichswort heißt im Positiv **som** *(wie)* und im Komparativ **än** *(als)*.

Min syster är lika stor som du.	*Meine Schwester ist so groß wie du.*
Min bror är inte större än din.	*Mein Bruder ist nicht größer als deiner.*

Komparativ und Superlativ können auch ohne direkten Vergleich mit einem anderen Wort stehen. Man spricht dann von absolutem Gebrauch.

Det är enklast.	*Das ist am einfachsten.*
en äldre dam	*eine ältere Dame*

Eine graduelle Steigerung kann durch Wiederholung des Komparativs ausgedrückt werden.

större och större	*immer größer*

Bestimmte und unbestimmte Form beim gesteigerten Adjektiv

Der Komparativ hat dieselbe Form für Utrum und Neutrum, bestimmte und unbestimmte Form, Singular und Plural.

	Singular/Plural	
Utrum	en större kyrka	*eine größere Kirche*
	den större kyrkan	*die größere Kirche*
	Kyrkan är större.	*Die Kirche ist größer.*
	större kyrkor	*größere Kirchen*
	de större kyrkorna	*die größeren Kirchen*
	Kyrkorna är större.	*Die Kirchen sind größer.*
Neutrum	ett större hus	*ein größeres Haus*
	det större huset	*das größere Haus*
	Huset är större.	*Das Haus ist größer.*
	större hus	*größere Häuser*
	de större husen	*die größeren Häuser*
	Husen är större.	*Die Häuser sind größer.*

Bei der Steigerung mit **mer(a)** und **mest** behält das Adjektiv jeweils dieselbe Form, die es auch im Positiv hat:

en mera typisk kaka	*ein typischerer Kuchen*
ett mera typiskt hus	*ein typischeres Haus*
det mest typiska exemplet	*das typischste Beispiel*

Superlative auf **-ast** bilden die bestimmte Form auf **-e**, die Superlative auf **-st** und die unregelmäßigen Superlativformen bilden die bestimmte Form auf **-a**.

den närmaste familjen	*die engste Familie*
den minsta flickan	*das kleinste Mädchen*

Superlative, die die bestimmte Form auf **-a** bilden, können, wie auch die bestimmten Adjektive im Positiv, die Endung **-e** erhalten, wenn sie sich auf männliche Personen beziehen (▸ Seite 48).

min bästa vänninna	*meine beste Freundin*
min bäste vän	*mein bester Freund*

DAS ADVERB – *UMSTANDSWORT*

Adverbien sind Bestimmungen zu einem Verb, zu einem Adjektiv, zu einem anderen Adverb oder zu einem ganzen Satz und modifizieren die Bedeutung. Adverbien sind unveränderlich. Man unterscheidet Adverbien nach ihrer Bedeutung:

1. Adverbien der Zeit: **nu** *(jetzt)*, **sent** *(spät)*, **aldrig** *(niemals)*
2. Adverbien des Ortes: **där** *(dort)*, **hemma** *(zu Hause)*, **härifrån** *(von hier)*
3. Adverbien der Art und Weise: **ganska** *(ziemlich)*, **långsamt** *(langsam)*, **bra** *(gut)*
4. Frageadverbien: **hur** *(wie)*, **när** *(wann)*, **var** *(wo)*

Anmerkungen zu den Ortsadverbien:

Bei den folgenden Wortpaaren gibt das kürzere der beiden Adverbien jeweils die Richtung an (wohin?), das längere die Befindlichkeit (wo?).

fram	*nach vorne*	**framme**	*vorn*
hem	*nach Hause*	**hemma**	*zu Hause*
in	*hinein*	**inne**	*drinnen*
ner	*hinunter*	**nere**	*unten*
upp	*hinauf*	**uppe**	*droben*
ut	*hinaus*	**ute**	*draußen*

De går ut. — *Sie gehen hinaus.*
De är ute. — *Sie sind draußen.*

1. Bildung des Adverbs

Adverbien werden auf verschiedene Weisen gebildet.

a) In vielen Fällen wird die neutrale Form des Adjektivs als Adverb verwendet:

Utrum	Neutrum	Adverb	
sen	sent	sent	*spät*
riktig	riktigt	riktigt	*richtig*

Posten kommer sent. — *Die Post kommt spät.*
en riktigt svensk specialitet — *eine richtig schwedische Spezialität*

b) Adjektive auf **-lig** bilden das Adverb auch durch Anhängen von **-en** an die Utrum-Form oder durch Anhängen von **-vis** an die Neutrum-Form:

Utrum	Neutrum	Adverb	
trolig		**trolig**en	*wahrscheinlich*
	troligt	**trolig**tvis	
möjlig		**möjlig**en	*möglich*
	möjligt	**möjlig**tvis	

Hon kommer troligen **inte.**	*Sie kommt wahrscheinlich nicht.*
Hon kommer möjligtvis.	*Sie kommt möglicherweise.*

Adverbien auf **-ligt** sind häufig Adverbien der Art und Weise, Adverbien auf **-ligen** und **-ligtvis** sind Satzadverbien.

Du talar tydligt **med mig.**	*Du sprichst deutlich mit mir.*
Du talar tydligen **med mig.**	*Offenbar sprichst du mit mir.*

c) Auch das Partizip Präsens und die Neutrum-Form des Partizip Perfekt können als Adverbien verwendet werden.

Det är strålande vackert.	*Es ist strahlend schön.*
Jag tror bestämt att ...	*Ich glaube bestimmt, dass ...*

d) Außerdem gibt es ursprüngliche Adverbien, wie z.B.

här	*hier*	**alldeles**	*ganz*
där	*dort*	**genast**	*sofort, gleich*
aldrig	*niemals*	**ibland**	*manchmal*

alldeles i närheten	*ganz in der Nähe*
Här känns det bättre.	*Hier fühlt es sich besser an.*

2. Die Komparation (Steigerung) der Adverbien

Adverbien, die von Adjektiven abgeleitet sind, können wie diese gesteigert werden (▸ Seite 49 ff.).

Han kommer sent.	*Er kommt spät.*
Han kommer senare.	*Er kommt später.*
Han kommer senast.	*Er kommt am spätesten.*

Auch einige der ursprünglichen Adverbien haben Steigerungsformen:

bra/väl	bättre	bäst
gut	*besser*	*am besten*
fort	fortare	fortast
schnell	*schneller*	*am schnellsten*
gärna	hellre	helst
gerne	*lieber*	*am liebsten*
illa	sämre	sämst
schlecht	*schlechter*	*am schlechtesten*
illa	värre	värst
schlimm	*schlimmer*	*am schlimmsten*
mycket	mer(a)	mest
viel	*mehr*	*am meisten*
nära	närmare	närmast
nahe	*näher*	*am nächsten*
ofta	oftare	oftast
oft	*öfter*	*am häufigsten*

DIE PRONOMEN – *FÜRWÖRTER*

1. Personalpronomen (Persönliche Fürwörter)

Obwohl das Schwedische bei Substantiven nur die beiden Genera Utrum und Neutrum kennt, unterscheiden die Personalpronomen in der 3. Person Singular zusätzlich ein Pronomen für Personen im Maskulinum (männliches Geschlecht) und im Femininum (weibliches Geschlecht). Bei den Personalpronomen kommen nur zwei Kasus vor, der Subjektkasus (auf die Frage WER?) und der Objektkasus (auf die Fragen WEM? WEN?).

		Subjektkasus		Objektkasus	
Singular	1.	jag	*ich*	mig	*mir, mich*
	2.	du	*du*	dig	*dir, dich*
	Höflichkeitsform	Ni	*Sie*	Er	*Ihnen, Sie*
	3. nur Personen	han	*er*	honom	*ihm, ihn*
	3. nur Personen	hon	*sie*	henne	*ihr, sie*
	Utrum	den	*er, sie, es*	den	*ihm, ihn, ihr, sie, es*
	Neutrum	det	*er, sie, es*	det	*ihm, ihn, ihr, sie, es*
	reflexiv			sig	*sich*
Plural	1.	vi	*wir*	oss	*uns*
	2.	ni	*ihr*	er	*euch*
	Höflichkeitsform	Ni	*Sie*	Er	*Ihnen, Sie*
	3.	de	*sie*	dem	*ihnen, sie*
	reflexiv			sig	*sich*

Anmerkungen zur Aussprache:

1. **Mig**, **dig**, **sig** werden gewöhnlich als [mɛj], [dɛj], [sɛj] ausgesprochen. In Briefen, Zeitungstexten usw. findet man deshalb häufig auch die Schreibung **mej**, **dej**, **sej**.

2. **De**, **dem** werden meist [dɔm] ausgesprochen. Häufig werden sie deshalb auch **dom** geschrieben. In einigen Dialekten, vornehmlich in Südschweden, spricht man **de** als [di(ː)] aus.

Anrede

Im Schwedischen verwendet man die Anrede **du** häufiger als *du* im Deutschen. Zu Freunden und Arbeitskollegen, in Schule und Universität sagt man im Allgemeinen immer **du**, normalerweise auch in Geschäften, beim Tanken usw. **Ni** kann wie das deutsche *Sie* als formelle Anrede für eine unbekannte (meist ältere) Person gebraucht werden. Traditionell gilt jedoch die Anrede in der 3. Person als höflicher, die vor allem von älteren Leuten und älteren Leuten gegenüber noch verwendet wird. Spricht man jemanden in der 3. Person an, so verwendet man den Titel der Person in der bestimmten Form oder den Titel in der unbestimmten Form und den Familiennamen.

Tror doktorn att det här kommer att bli långvarigt?	*Glauben Sie, Herr/Frau Doktor, dass das langwierig ist? (wörtl.: Glaubt der/die Doktor(in) ... sein wird?)*
Har professor Holm sett filmen?	*Haben Sie den Film gesehen, Herr/ Frau Professor Holm? (wörtl.: Hat Professor(in) Holm ...?)*

han und *hon*

Früher verwendete man im Schwedischen normalerweise **han** und **honom**, wenn ein Substantiv im Utrum eine Person bezeichnete und es keine Rolle spielte, ob die Person ein Mann oder eine Frau war.

Varje talare skall prata tydligt, så att alla kan förstå honom.	*Jeder Redner muss deutlich sprechen, so dass ihn alle verstehen können.*

Inzwischen wird in solchen Fällen zunehmend statt nur des männlichen Pronomens das männliche und das weibliche Pronomen verwendet. In der gesprochenen Sprache verbindet man sie durch **eller** *(oder)*, in Texten häufig nur durch einen Schrägstrich.

Varje talare skall prata tydligt, så att man kan förstå honom eller henne (honom/henne).	*Jeder Redner/Jede Rednerin muss deutlich sprechen, so dass man ihn/ sie verstehen kann.*

Da das Utrum das gemeinsame Geschlecht für männlich und weiblich ist, sind Formulierungen wie **talaren ... han eller hon** im Schwedischen grammatisch korrekt, während im Deutschen *der Redner ... er oder sie* nicht ohne weiteres akzeptiert wird.

Eine wichtige Ausnahme ist das Wort **människa**, das immer weiblich ist:

Det är varje människans plikt, att hon ...	*Es ist die Pflicht eines jeden Menschen, dass er ...* (keine Person weiblichen Geschlechts, trotzdem **hon**)

den und *det*

Den und **det** werden nur für Sachen verwendet. **Den** steht für Utrum-Wörter, **det** für Neutrum-Wörter.

Jag har fel på bilen, den kokar.	*An meinem Auto ist etwas kaputt, es kocht.*
Här är köket. Det är gammalt.	*Hier ist die Küche. Sie ist alt.*

Aber:

Här är barnet.	*Hier ist das Kind.*
Det är fem år gammalt.	*Es ist fünf Jahre alt.* (keine Sache, trotzdem **det**).

Det wird vielfach wie dt. *es/das* als unpersönliches Subjekt gebraucht.

1. **Det** steht mit Formen von **vara** (*sein*) + Adjektiv, Substantiv, Namen oder Pronomen.

Är det möjligt att betala med kort?	*Ist es möglich, mit Karte zu zahlen?*
Det är första gången.	*Es/das ist das erste Mal.*
Vem är det? Det är Lena.	*Wer ist es/das? Es/das ist Lena.*
Är det hon? Ja, det är hon.	*Ist sie das? Ja, sie ist es.*

2. **Det** steht in vielen unpersönlichen Ausdrücken.

Det finns ...	*Es gibt ...*
Det regnar igen.	*Es regnet wieder.*
Det ser ut som ...	*Es sieht aus, als ...*
Det tar lång tid.	*Es dauert lange.*
Det räcker med en liten bil.	*Ein kleines Auto reicht.* (wörtl: *Es reicht mit einem kleinen Auto.*)

3. **Det** steht beim unpersönlichen Passiv.

Det hörs.	*Man hört es. (wörtl.: Es wird gehört.)*
Det pratas så mycket om vädret.	*Es wird so viel über das Wetter geredet.*

4. **Det** steht als Vertreter eines folgenden Subjekts.

Det sitter bara en gäst i hela restaurangen.	*Es sitzt nur ein Gast im ganzen Restaurant.*
Det är skönt att sitta i solen	*Es ist schön, in der Sonne zu sitzen.*

5. **Det** steht, um einen Satz, meist eine Frage, bejahend oder verneinend wieder aufzugreifen. In dieser Verwendung hat **det** keine direkte Entsprechung im Deutschen.

Ar du trött?	*Bist du müde?*
Ja, det är jag.	*Ja. (wörtl.: Ja, das bin ich.)*
Ska vi ta kaffe?	*Sollen wir Kaffee nehmen?*
Ja, det gör vi.	*Ja. (wörtl.: ja, das tun wir.)*
Kan du komma?	*Kannst du kommen?*
Ja, det kan jag.	*Ja. Das kann ich machen. (wörtl.: Ja, das kann ich.)*
Behöver du hjälp?	*Brauchst du Hilfe?*
Nej, det gör jag inte.	*Nein, ich brauche keine. (wörtl.: Nein, das tue ich nicht.)*
Köpte du boken?	*Hast du das Buch gekauft?*
Nej, det gjorde jag inte.	*Nein, ich habe es nicht gekauft. (wörtl.: Nein, das tat ich nicht.)*

2. Possessivpronomen (Besitzanzeigende Fürwörter)

Die Possessivpronomen sagen aus, wem etwas gehört. Sie werden adjektivisch verwendet und haben wie das starke Adjektiv drei Formen: Utrum, Neutrum und Plural. Die Possessivpronomen haben als Subjekt und Objekt dieselbe Form. In Geschlecht und Zahl richten sie sich nach dem zugehörigen Substantiv.

1. und 2. Person

Besitz ▶	Singular		Plural	
Besitzer ▼	Utrum	Neutrum		
1. Ps. Sg.	min	*mein(e/s)*	mitt	mina	*meine*
2. Ps. Sg.	din	*dein(e/s)*	ditt	dina	*deine*
1. Ps. Pl.	vår	*unser(e/s)*	vårt	våra	*unsere*
2. Ps. Pl.	er	*euer(e/s)*	ert	era	*euere*
	Er	*Ihr(e/s)*	Ert	Era	*Ihre*

Wie das Adjektiv, so richtet sich das Possessivpronomen auch in prädikativer Stellung nach dem zugehörigen Substantiv.

Det är min bil.	*Das ist mein Auto.*
Bilen är min.	*Das Auto gehört mir.*
Det är mitt hus.	*Das ist mein Haus.*
Huset är mitt.	*Das Haus gehört mir.*
Det är mina bilar/hus.	*Das sind meine Autos/Häuser.*
Bilarna/Husen är mina.	*Die Autos/Die Häuser gehören mir.*

3. Person

In der dritten Person werden zwei Arten von Possessivpronomen unterschieden, je nachdem ob der Besitzer zugleich auch Subjekt des Satzes ist oder nicht. Ist der Besitzer zugleich Subjekt, so richtet sich das Pronomen in Geschlecht und Zahl nach dem Besitztum.

Besitz ▶	Singular		Plural	
Besitzer ▼	Utrum	Neutrum		
Sg. + Pl.	sin	*sein(e/s)* *ihr(e/s)*	sitt	sina	*ihre*

Han tar sin bil.	*Er nimmt sein (eigenes) Auto.*
Hon tar sin bil.	*Sie nimmt ihr (eigenes) Auto.*
Han tar sitt äpple.	*Er nimmt seinen Apfel.*
Hon tar sitt äpple.	*Sie nimmt ihren Apfel.*
Han tar sina böcker.	*Er nimmt seine Bücher.*
Hon tar sina böcker.	*Sie nimmt ihre Bücher.*

Ist der Besitzer nicht Subjekt des Satzes, so wird ein eigenes Pronomen verwendet, das sich in Geschlecht und Zahl nach dem Besitzer richtet.

Dessen und *deren* werden im Deutschen gelegentlich zur Verdeutlichung ähnlich verwendet:

Sie trafen ihre Freunde und ihre (= eigenen) Verwandten.
Sie trafen ihre Freunde und deren (= der Freunde) Verwandten.

Besitzer	Singular	männlich weiblich	hans hennes	*sein(e/s)* *ihr(e/s)*
		Utrum/Neutrum	dess	*sein(e/s, ihr(e/s)*
	Plural		deras	*ihre*

Hans bil är röd.	*Sein Auto ist rot.*
Hennes hus är blått.	*Ihr Haus ist blau.*
Dess (= bilens) färg är röd.	*Seine (des Autos) Farbe ist rot.*
Dess (= husets) färg är blå.	*Seine (des Hauses) Farbe ist blau.*
Deras bil är gammal.	*Ihr (Pl.) Auto ist alt.*

Feste Wendungen mit **dess**:

innan dess	*zuvor, vorher*
sedan dess	*seither*
dessutom	*außerdem*

Vergleich Subjekt als Besitzer und Subjekt nicht als Besitzer:

Lars använder sin bil.	*Lars benutzt sein (eigenes) Auto.*
Eva använder sin bil.	*Eva benutzt ihr (eigenes) Auto.*
Lars använder hans bil.	*Lars benutzt sein (Kalles) Auto.*
Eva använder hans bil.	*Eva benutzt sein (Kalles) Auto.*
Lars använder hennes bil.	*Lars benutzt ihr (Lenas) Auto.*
Eva använder hennes bil.	*Eva benutzt ihr (Lenas) Auto.*
Lars använder deras bil.	*Lars benutzt ihr (der Freunde) Auto.*
Eva använder deras bil.	*Eva benutzt ihr (der Freunde) Auto.*

Substantivierter Gebrauch

Ebenso wie die Adjektive (▸ Seite 48 f) können auch die Possessivpronomen substantiviert gebraucht werden. Sie haben dann die Bedeutung *Familienangehörige, Verwandte* und Sie kommen in der Grundform und im Genitiv vor. Im Genitiv wird nur **-s** an die Grundform angehängt.

de mina	*die Meinen*
de dina	*die Deinen*
de sina	*die Seinen*
de våra	*die Unseren*

3. Demonstrativpronomen (Hinweisende Fürwörter)

Die gebräuchlichsten Demonstrativpronomen sind **den här** und **den där**. **Den här** verwendet man für naheliegende Personen oder Dinge, **den där** für weiter entfernt befindliche Personen oder Dinge.

Utrum	Neutrum	Plural	
den här	det här	de här	*diese, -r, -s*
den där	det där	de där	*jene, -r, -s*

Diese Demonstrativpronomen können attributiv oder selbstständig gebraucht werden. Wenn sie attributiv gebraucht werden, so stehen Adjektiv und Substantiv danach in der bestimmten Form:

den här nya boken	*dieses neue Buch*
det här gamla huset	*dieses alte Haus*
de här fina böckerna/husen	*diese schönen Bücher/Häuser*
Den här boken har jag läst.	*Dieses Buch habe ich gelesen.*
Den där inte.	*Jenes nicht.*
Det här bordet är nytt.	*Dieser Tisch ist neu.*
Det där bordet är gammalt.	*Jener Tisch ist alt.*
Jag vill inte ha de här, men de där.	*Ich möchte nicht diese haben, sondern jene.*

Weiterhin können die Formen des freistehenden bestimmten Artikels als Demonstrativpronomen verwendet werden. Sie sind, wie auch im Deutschen der Artikel bei demonstrativem Gebrauch, immer betont.

	Utrum	Neutrum	Plural	
Subjekt	den	det	de	*der, die, das*
Objekt	den	det	de, dem	*der, die, das*

Den boken vill jag ha.

Das Buch will ich haben.

Det bordet tycker jag om, **det** ska vi köpa i morgon.

Der Tisch gefällt mir, den werden wir morgen kaufen.

Hur många lägenheter finns **det** i **de** husen?

Wie viele Wohnungen gibt es in den Häusern?

Die selbstständige Objektform heißt **dem**. (Zum Zumsammenfall von **de** und **dem** in der Aussprache ▸ S. 57.)

I de husen finns sju dörrar, men hur många **det** finns i **dem** vet jag inte.

In den Häusern gibt es sieben Türen, aber wieviel es in denen gibt, weiß ich nicht.

Eher schriftsprachlich sind folgende Formen. Sie werden allerdings auch in einigen Dialekten bevorzugt gebraucht.

Utrum	Neutrum	Plural	
denna	**detta**	**dessa**	*diese, -r, -s*

Nach **denna** usw. steht das Adjektiv in der bestimmten Form, das Substantiv in der unbestimmten:

denna stora båt

dieses große Schiff

detta stora hus

dieses große Haus

dessa stora båtar/hus

diese großen Schiffe/Häuser

Denna fråga kan ingen besvara.

Diese Frage kann niemand beantworten.

Vad säger du om detta?

Was sagst du dazu?

Dessa människor har jag aldrig sett.

Diese Menschen habe ich nie gesehen.

Utrum	Neutrum	Plural	
sådan	**sådant**	**sådana**	*solche, -r, -s*

Sådan usw. können attributiv und selbstständig gebraucht werden. Bei attributivem Gebrauch stehen sie im Singular mit dem unbestimmten Artikel und der unbestimmten Form des Adjektivs, im Plural ohne Artikel mit der Pluralform des Adjektivs. Umgangssprachlich verwendet man oft die Formen **sån**, **sånt**, **såna**.

Jag tar en sådan bakelse.	*Ich nehme so ein Törtchen.*
vid ett sådant tillfälle	*bei einer solchen Gelegenheit*
Hjortron är sådana gula bär.	*Multebeeren sind solche gelben Beeren.*
Sånt är livet.	*So ist das Leben.*

	Utrum	Neutrum	Plural	
attr.	samma			*der-, die-, dasselbe*
selbst.	densamma	detsamma	desamma	

Samma gebraucht man nur attributiv und ohne Artikel. Folgt ein Adjektiv, so steht dieses in der bestimmten Form. **Densamma** usw. gebraucht man nur selbstständig.

Vi har samma väg.	*Wir haben denselben Weg.*
samma långa väg	*derselbe lange Weg*
Vägen är densamma.	*Der Weg ist derselbe.*
Vi hade samma åsikt.	*Wir hatten die gleiche Ansicht.*
Svårigheterna är desamma.	*Die Schwierigkeiten sind die gleichen.*
Tack detsamma!	*Danke gleichfalls!*

Utrum	Neutrum	Plural	
dylik	dylikt	dylika	*derartige, -r, -s*

Dylik usw. kommt sowohl attributiv als auch selbstständig vor. Man verwendet diese Wörter eher im gehobenen Stil.

på dylikt sätt	*solchermaßen*
dylika metoder	*derartige Methoden*
o. dyl. (= och dylikt)	*u. Ä. (und Ähnliches)*
e. dyl. (= eller dylikt)	*o. Ä. (oder Ähnliches)*

4. Relativpronomen (Bezügliche Fürwörter)

Am häufigsten verwendet man das unveränderliche **som**. Wenn **som** nicht Subjekt des Satzes ist, kann es auch weggelassen werden.

boken (som) du gav mig	*das Buch, das du mir gegeben hast*
huset som är målat grönt	*das Haus, das grün angestrichen ist*
äpplena (som) vi köpte i går	*die Äpfel, die wir gestern gekauft haben*

Vor **som** kann niemals eine Präposition stehen. Deshalb wird in Relativsätzen die Präposition an den Schluss des Satzes gestellt oder man benutzt statt **som** die flektierenden Relativpronomen **vilken** usw.

huset, (som) vi bor i	*das Haus, in dem wir wohnen*
huset, i vilket vi bor	*(dass., formeller Sprachgebrauch)*

Vgl. engl.: the house (which) we live **in**
in which we live

Der Genitiv zu **som** heißt im Singular **vars**, im Plural **vars** oder **vilkas**. Die Genitivformen werden für beide Geschlechter verwendet. Sie kommen nur in der Schriftsprache vor.

	Singular	Plural
Grundform	som	
Genitiv	vars	vars, vilkas

boken, vars författare jag träffade i går	*das Buch, dessen Verfasser(in) ich gestern traf*
huset, vars ägare jag känner	*das Haus, dessen Eigentümer(in) ich kenne*
barnen vars/vilkas föräldrar var bortresta	*die Kinder, deren Eltern verreist waren*

Nur in formellerer Sprache (Behördensprache usw.) und in Verbindung mit Präpositionen verwendet man flektierende Relativpronomen, die sich in Geschlecht und Zahl nach dem Bezugswort richten.

	Utrum	Neutrum	Plural
Grundform	vilken	vilket	vilka
Genitiv	vilkens	vilkets	vilkas

Förhör har hållits med vittnet Olsson, vilken uppger ...	*Verhört wurde der Zeuge Olsson, der angibt ...*

Die flektierenden Relativpronomen verwendet man auch dann, wenn Unklarheit über das Bezugswort entstehen könnte. Bezieht sich der Relativsatz auf einen ganzen Satz, so wird als Pronomen **vilket** verwendet.

Författaren till detta verk, **som** alla talar om,	*Der Verfasser dieses Werks, über den/das alle sprechen*
Författaren till detta verk, **vilken** alla ...	*Der Verfasser dieses Werkes, über den ...*
Författaren till detta verk, **vilket** alla ...	*Der Verfasser dieses Werks, über das ...*
Jag tackade nej, **vilket** jag sedan fick ångra.	*Ich lehnte ab, was ich später bereute.*

Als Relativadverbien verwendet man unter anderem die folgenden Wörter:

där	*wo*	**varmed**	*womit*
dit	*wohin*	**varifrån**	*woher*
vari	*worin*		

brevet vari hon skrev att ...	*der Brief, in dem sie schrieb, dass ...*
brevet varmed de tackade för besöket	*der Brief, mit dem sie für den Besuch dankten*
landet varifrån jag kommer	*das Land, aus dem ich komme*

Vor den Relativadverbien muss im Schwedischen kein Komma stehen.

---

5. Indefinitpronomen (Unbestimmte Fürwörter)

Indefinitpronomen bezeichnen eine unbestimmte Person oder Sache. Sie haben im Allgemeinen keine bestimmten Formen und stehen mit der unbestimmten Form von Adjektiv und Substantiv.

Utrum	Neutrum	Plural	
någon	**något**	**några**	*(irgend)eine,*
	någonting		*-r, -s, etwas*

In der Umgangssprache verwendet man häufig die Kurzformen **nån**, **nåt**, **nånting**, **nåra**.

Har **någon** ringt mig?	*Hat mich jemand angerufen?*
något mera	*etwas mehr, noch etwas*
för **några** dagar sedan	*vor einigen Tagen*
Jag behöver **några** tior.	*Ich brauche ein paar Zehner.*
Har du kanske **några**?	*Hast du vielleicht welche?*
Har du **nåt** emot det?	*Hast du etwas dagegen?*

Någonting verwendet man alleinstehend oder mit einem substantivierten Adjektiv.

Har någonting hänt?	*Ist irgendetwas passiert?*
Någonting hemskt hände i dag.	*Heute ist etwas Schreckliches passiert.*

Schriftsprachlich gehoben in der Bedeutung eine, -r, -s davon/von beiden verwendet man **endera** und **ettdera**.1

endera dagen	*einer der nächsten Tage*
Ettdera måste vara fel.	*Eins davon muss falsch sein.*

Utrum	Neutrum	Plural	
ingen	inget ingenting	inga	*keine, -r, -s, nichts*

Jag har ingen tid.	*Ich habe keine Zeit.*
Jag har inget hus.	*Ich habe kein Haus.*
Jag har inga småpengar.	*Ich habe kein Kleingeld.*
Ingenting nytt har hänt.	*Es ist nichts Neues passiert.*

Als Objekt können die Pronomen **ingen** usw. in der Regel nur in Hauptsätzen mit einfacher Zeit stehen. In Nebensätzen und bei zusammengesetzten Zeiten werden sie aufgelöst in **inte** *(nicht)* und die entsprechenden Formen von **någon** usw.

ingen:	inte … någon
inget:	inte … något
ingenting:	inte … någonting
inga:	inte … några

	Ingen har sett mig. *Niemand (Subjekt) hat mich gesehen.*
Jag tror att *Ich glaube,*	**ingen har sett mig.** *dass niemand mich gesehen hat. (Nebensatz)*
	De har inget hus. *Sie haben kein Haus. (Objekt).*
	De har inte haft något hus. *Sie haben kein Haus gehabt. (zusammengesetzte Zeit)*
Jag vet att *Ich weiß,*	**de inte har något hus.** *dass sie kein Haus haben. (Nebensatz)*

Bei der Aufspaltung in **inte ... någon** usw. kommt es u. U. zu Mehrdeutigkeit:

Han har inte läst några av sina böcker.
1. *Er hat keines seiner Bücher*   2. *Er hat einige seiner Bücher nicht*
   gelesen.   *gelesen.*

Schriftsprachlich gehoben in der Bedeutung *keine, -r, -s davon/von beiden* verwendet man **ingendera** und **ingetdera**.

Ingendera var hemma i tid.	*Keiner von ihnen war rechtzeitig zu Hause.*
ingendera delen	*keins von beiden, nichts davon*
Ingetdera har hänt.	*Nichts davon ist passiert.*

Das Indefinitpronomen **man** hat folgende Formen:

Subjekt	**man**	*man*
Objekt	**en**	*einem, einen*
Genitiv	**ens**	*eines*

man har sagt mig	*man hat mir gesagt*
om fågeln ser **en**	*wenn der Vogel einen sieht*
Banken växlar **ens** pengar.	*Die Bank wechselt einem* *(wörtl.: eines) Geld.*

Ist **man** Subjekt im Satz, so verwendet man die rückbezüglichen Possessivformen **sin**, **sitt**, **sina** (▸ Possessivpronomen Seite 60 ff.).

Man växlar sina pengar på banken.	*Man wechselt sein Geld auf der Bank.*

Formulierungen mit **man** sind häufig gleichbedeutend mit Passivkonstruktionen (Passiv ▸ Seite 92 ff.).

Frimärken kan man köpa/kan köpas i kiosken.	*Briefmarken kann man am Kiosk kaufen/können am Kiosk gekauft werden.*

Utrum	Neutrum	Plural	
var	**vart**	–	*jede, -r, -s*
varje	**varje**	–	*jede, -r, -s*
varenda	**vartenda**	–	*jede, -r, -s einzelne*

Mit Ausnahme von **var**, das sowohl alleinstehend als auch attributiv vorkommt, können diese Pronomen nur attributiv gebraucht werden.

var/varje människa	*jeder Mensch*
vart/varje barn	*jedes Kind*
Varenda natt vaknar jag.	*Jede Nacht wache ich auf.*

In Verbindung mit dem rückbezüglichen Possessivpronomen bedeutet **var sin** usw. soviel wie *pro Person.* Dieselbe Bedeutung hat **var**, wenn es allein nachsteht.

Vi ät var sitt äpple.	*Wir aßen jeder seinen/jede ihren*
Vi åt ett äpple var.	*Apfel.*
	Wir aßen jede(r) einen Apfel.

Utrum	Neutrum	Plural	
var och en	vart och ett	--	*jede, -r, -s einzelne*

Steht nach **var och en**, **vart och ett** ein Substantiv oder ein Pronomen, so steht dieses im Plural.

var och en av er	*jede(r) Einzelne von euch*
var och ett av husen	*jedes einzelne Haus* (wörtl.: *der Häuser*)

Wenn **var och en** allein steht in der Bedeutung *jede(r) einzelne, jeder Mensch,* kann auch ein Genitiv dazu gebildet werden.

Detta är vars och ens ensak.	*Das ist Angelegenheit jedes/jeder Einzelnen.*

Utrum	Neutrum	Plural	
varannan	vartannat	varandra	*jede, -r, -s zweite, Pl. einander*

Varandra kann nur alleinstehend gebraucht werden, die beiden anderen Formen attributiv oder alleinstehend. In der Umgangssprache hat **varandra** die Kurzform **varann**.

Varannan bil är för dyr.	*Jedes zweite Auto ist zu teuer.*
Vartannat hus är rött.	*Jedes zweite Haus ist rot.*
De träffade varandra/varann för tre år sedan.	*Sie trafen sich (= einander) vor drei Jahren.*

Jede, -r. -s dritte, vierte usw. bildet man mit **var(t)** + Ordnungszahl
(▸ Seite 78 ff.), z. B. **vart tredje**, **var fjärde**.

Utrum	Neutrum	Plural	
annan	**annat**	**andra**	*andere, -r, -s*

Annan, **annat**, **andra** kann sowohl attributiv als auch alleinstehend
verwendet werden. Folgendes Adjektiv und Substantiv stehen in der
unbestimmten Form.

Jag vill ha en annan bok.	*Ich möchte ein anderes Buch haben.*
Vi har inga andra.	*Wir haben keine anderen.*
Vill du ha något annat?	*Möchtest du etwas anderes?*

Feste Wendungen:

varken det ena eller det andra	*weder das eine noch das andere*
bland annat (bl. a.)	*unter anderem (u. a.)*

---

6. Interrogativpronomen (Fragende Fürwörter)

Interrogativpronomen leiten direkte oder indirekte Fragesätze ein.
Alleinstehend verwendet man:

vem	*wer* (Person)
vad	*was*

Alleinstehend oder attributiv verwendet man:

Utrum	Neutrum	Plural	
vilken	**vilket**	**vilka**	*welche, -r, -s*

Nach **vilken** usw. stehen Adjektiv und Substantiv in der unbestimmten
Form.

Vem knackar på dörren?	*Wer klopft an die Tür?*
Vad säger du?	*Was sagst du?*
Vilka har kommit?	*Welche sind gekommen?*
Vilken ny bok är bäst?	*Welches neue Buch ist am besten?*
Vilket hus har du köpt?	*Welches Haus hast du gekauft?*
Vilka böcker ska du köpa?	*Welche Bücher wirst du kaufen?*

Vad kann umgangssprachlich in Fragen mit **för nå(go)t** oder **för nå(go) nting** erweitert werden.

Vad äter du **för något**?	*Was isst du denn?*
Vad gör du **för nånting**?	*Was machst du denn?*

Statt **vilken** usw. + Substantiv verwendet man in der Umgangssprache häufig **vad** + **för** + Substantiv, ähnlich wie dt. *was für ein.*

Vad har du för yrke?	*Was für einen Beruf hast du?*
(= Vilket yrke har du?)	*(= Welchen Beruf hast du?)*

Durch eine Erweiterung mit **som helst** können die Fragepronomen und andere Fragewörter unbestimmte Bedeutung wie Indefinitpronomen bekommen, z. B.:

Vem ska göra det?	*Wer soll das machen?*
Vem som helst.	*Wer auch immer (= irgendjemand).*
Hur ska vi måla huset?	*Wie sollen wir das Haus*
Hur som helst.	*anstreichen?*
	Wie auch immer (= irgendwie,
	beliebig).

Interrogativpronomen in indirekten Fragesätzen

Wenn ein Interrogativpronomen Subjekt im indirekten Fragesatz ist, muss man **som** hinzusetzen. Wenn das Interrogativpronomen Objekt des indirekten Fragesatzes ist, steht kein **som**.

Interrogativpronomen als Subjekt

Hauptsatz	Nebensatz
Vem kommer? *Wer kommt?*	
Vi vet inte *Wir wissen nicht,*	**vem som kommer.** *wer kommt.*
Vilket barn bor här? *Welches Kind wohnt hier?*	
Vi vet inte *Wir wissen nicht,*	**vilket** barn **som** bor här. *welches Kind hier wohnt.*

Interrogativpronomen als Objekt

Hauptsatz	Nebensatz
Vem träffade du i går? *Wen trafst du gestern?*	
Vi vet inte *Wir wissen nicht,*	**vem du träffade i går.** *wen du gestern trafst.*
Vilken bok har du köpt? *Welches Buch hast du gekauft?*	
Vi vet inte *Wir wissen nicht,*	**vilken bok du har köpt.** *welches Buch du gekauft hast.*

Übersicht über bestimmte und unbestimmte Form von Adjektiv und Substantiv nach gewissen Wörtern oder Konstruktionen:

1. Unbestimmtes Adjektiv + unbestimmtes Substantiv nach:

Utrum	Neutrum	Plural	
en ingen någon ⎫ fin bil en annan en sådan vilken ⎭	ett inget något ⎫ fint hus ett annat ett sådant vilket ⎭	två inga några andra sådana vilka många flera alla få	fina bilar fina hus

2. Bestimmtes Adjektiv + bestimmtes Substantiv nach:

Utrum	Neutrum	Plural
den den här ⎫ fina bilen den där ⎭	det det här ⎫ fina huset det där ⎭	de de här ⎫ ina bilarna de där ⎭ fina husen

Bei Erweiterung durch Relativsatz steht jedoch auch nach diesen Aus-
drücken unbestimmtes Substantiv: **den fina bil som försvann** *(das tolle
Auto, das verschwand)*.

3. Bestimmtes Adjektiv + unbestimmtes Substantiv nach:

Utrum	Neutrum	Plural
min hennes mannens } fina bil Evas denna	mitt hennes mannens } fina hus Evas detta	mina hennes mannens } fina bilar Evas fina hus dessa

DIE NUMERALIEN – *ZAHLWÖRTER*

	Grundzahlen	Ordnungszahlen
0	noll	
1	en, ett	första
2	två	andra
3	tre	tredje
4	fyra	fjärde
5	fem	femte
6	sex	sjätte
7	sju	sjunde
8	åtta	åttonde
9	nio	nionde
10	tio	tionde
11	elva	elfte
12	tolv	tolfte
13	tretton	trettonde
14	fjorton	fjortonde
15	femton	femtonde
16	sexton	sextonde
17	sjutton	sjuttonde
18	arton	artonde
19	nitton	nittonde
20	tjugo	tjugonde
21	tjugoen, tjugoett	tjugoförsta
22	tjugotvå	tjugoandra
	usw.	usw.
30	trettio	trettionde
40	fyrtio	fyrtionde
50	femtio	femtionde
60	sextio	sextionde
70	sjuttio	sjuttionde
80	åttio	åttionde
90	nittio	nittionde
100	(ett)hundra	(ett)hundrade
101	(ett)hundraen, -ett	(ett)hundraförsta
	usw.	usw.
1000	(ett)tusen	tusende
1001	(ett)tusenen, -ett	(ett)tusenförsta
	usw.	usw.
2000	två tusen	tvåtusende
	usw.	usw.

1.000.000	en miljon
2.000.000	två miljoner
1.000.000.000	en miljard
2.000.000.000	två miljarder
1.000.000.000.000	en biljon (en miljon miljoner)

Anmerkung zur Aussprache der Zahlwörter:

Meist spricht man für **nio** und **tio** [ˇniːə] und [ˇtiːə] statt [ˇniːu], [ˇtiːu]. Weiterhin sagt man **tjugo** [ˇɕʉːɡə], **tjugotvå** [ɕʉːtvoː], **trettio** [ˈtrɛti]. Man findet auch die Schreibungen **tretti**, **femti** usw. Die Grundzahlen von 30 bis 90 haben Akzent 1. Die entsprechenden Ordnungszahlen haben Akzent 2 (▸ Seite 14 ff.).

1. Grundzahlen

Außer **en**, das die Neutrumform **ett** hat, flektieren die Grundzahlen nicht.

en buss	*ein Bus*
ett hus	*ein Haus*
Vi har tre barn.	*Wir haben drei Kinder.*
Jag växlade 200 Euro.	*Ich wechselte 200 Euro.*
Varsågod, 1000 kronor.	*Bitte sehr, 1000 Kronen.*

Zu den Grundzahlen von 1 bis einschließlich 12 können auch Substantive gebildet werden. Diese Substantive sind Utrum-Wörter.

Utrum	Neutrum	Plural	
en etta	**ettan**	**ettor**	*Eins*
en tvåa	**tvåan**	**tvåor**	*Zwei*
en fya	**fyran**	**fyror**	*Vier*
en tolva	**tolvan**	**tolvor**	*Zwölf*

Die substantivierten Zahlen

a) stehen für die konkreten Ziffern:

Dina ettor ser ut som sjuor.   *Deine Einer sehen wie Siebener aus.*

b) stehen als Bezeichnung für Münzen oder Geldscheine:

en femma	*ein Fünfkronenstück*
en tia	*ein Zehnkronenstück*

Aber

en femtilapp	*ein Fünfzigkronenschein*
en hundralapp	*ein Hundertkronenschein*

c) geben die Größe einer Wohnung an:

en etta	*eine Einzimmerwohnung*
en tvåa	*eine Zweizimmerwohnung*
en trea	*eine Dreizimmerwohnung*

d) bezeichnen feste Nummerierungen bei Verkehrsmitteln, Betrieben u. a.:

Har 3:an kommit?	*Ist die (Linie) 3 schon da?*
Han ligger på femman.	*Er liegt auf der (Station) 5.*

Durch Zusammensetzung der Grundzahlen mit **-tal** bildet man Substantive mit der Bedeutung *etwa eine Anzahl von*.

ett hundratal människor	*rund hundert Menschen*
ett tusental studenter	*etwa tausend Studenten/ Studentinnen*

Mit **-tal** wird auch die Bezeichnung der Jahrhunderte oder Jahrzehnte gebildet. Die Jahrhunderte erhalten im Schwedischen, anders als im Deutschen, ihren Namen nach den Hundertern, mit denen sie anfangen.

på 1900-talet	*im 20. Jahrhundert*
på sextiotalet	*in den sechziger Jahren*

Durch Zusammensetzungen mit **-tals** werden Substantive gebildet mit der Bedeutung *mehrfach die genannte Zahl*.

hundratals människor	*Hunderte von Menschen*
tusentals studenter	*Tausende von Studenten/ Studentinnen*

2. Ordnungszahlen

Die Ordnungszahlen flektieren nicht. Nur **första** und **andra** können wie Adjektive (▸ Seite 48) statt auf **-a** auf **-e** enden, wenn sie sich auf Wörter für männliche Personen im Singular beziehnen. Ordnungszahlen geben den Rang in einer Reihenfolge an. Sie können substantivisch und adjektivisch gebraucht werden.

Eva heter den första dottern, Lena den andra.	*Eva heißt die erste Tochter, Lena die zweite.*
Lars är den förste sonen, Bo den andre.	*Lars ist der erste Sohn, Bo der zweite.*
författarens fjärde bok	*das vierte Buch des Verfassers/ der Verfasserin*

Verwendung der Ordnungszahlen

1. Ordnungszahlen stehen (ohne Punkt!) bei Datumsangaben, dabei stehen Datumsangaben immer ohne Präposition.

Det hände den 7 juli.	*Es geschah am 7. Juli.*
Jag är född den 3 januari.	*Ich bin am 3. Januar geboren.*

2. Sie stehen bei Königen, Päpsten u.a. zur Angabe der zeitlichen Folge.

Sveriges kung heter Carl XVI Gustaf. (lies: Carl den sextonde Gustaf)	*Der König von Schweden heißt Carl XVI. Gustaf.*

3. Bei Zeitangaben geben Ordnungszahlen die Geschehenshäufigkeit an.

var tionde minut	*alle zehn Minuten (wörtl.: jede zehnte Minute)*
vart tredje år	*jedes dritte Jahr*

(Zu **varannan**, **vartannat** ▸ Indefinitpronomen Seite 70.)

3. Zeitangaben, Brüche und anderes

Klockan är		Es ist
5.00	**fem**	*fünf Uhr*
5.05	**fem över fem**	*fünf nach fünf*
5.15	**kvart över fem**	*viertel nach fünf*
5.30	**halv sex**	*halb sechs*
5.45	**kvart i sex**	*viertel vor sechs*
5.50	**tio i sex**	*zehn vor sechs*

Vor Zeitangaben steht keine Präposition.

Tåget går 18.30.   *Der Zug geht (um)18.30 Uhr.*
(lies: arton och trettio)

Die meisten Brüche bildet man mit der Ordnungszahl, an die **-del** *(Teil)*
oder Pl. **-delar**, angehängt wird.

$^1\!/_3$	**en tredjedel**	*ein Drittel*
$\frac14$	**en fjärdedel**	*ein Viertel*
$^2\!/_5$	**två femtedelar**	*zwei Fünftel*
$^3\!/_6$	**tre sjättedelar**	*drei Sechstel*

Aber:

$\frac12$	**en halv, ett halvt**	*ein halb*
$^1\!/_{100}$	**en hundradel**	*ein Hundertstel*
$^1\!/_{1000}$	**en tusendel**	*ein Tausendstel*

Wiederholungszahlen sind:

en gång	**två gånger**	**tre gånger**
einmal	*zweimal*	*dreimal*

Vervielfältigungszahlen sind:

enkel	*einfach*
tvådubbel	*doppelt*
tredubbel	*dreifach*

Die Funktion der deutschen Zahladverbien übernehmen die präpositio-
nalen Ausdrücke:

för det första	*erstens*
för det andra	*zweitens*
för det tredje	*drittens*

DAS VERB – *ZEITWORT*

1. Allgemeines

Starke und schwache Verben

Wie im Deutschen teilt man die Verben im Schwedischen in starke und schwache Verben ein. Starke Verben (manche nennen sie unregelmäßige Verben) verändern in der Vergangenheit und/oder im Partizip Perfekt (Mittelwort der Vergangenheit) den Stammvokal (Stamm = Wort – Endung). Diese Erscheinung nennt man Ablaut.

	Infinitiv	Präteritum	Partizip Perfekt
schwedisch	**skriva**	**skrev**	**skrivit**
deutsch	*schreiben*	*schrieb*	*geschrieben*

Schwache Verben (manchmal auch regelmäßige Verben genannt) haben in allen Formen denselben Stammvokal und bilden die Vergangenheit durch eine Endung.

	Infinitiv	Präteritum	Partizip Perfekt
schwedisch	**resa**	**reste**	**rest**
deutsch	*reisen*	*reiste*	*gereist*

Finite und infinite Verbformen

Man unterscheidet zwei Gruppen von Verbformen:

1. Finite Formen: haben Personalendungen. Das Schwedische kennt für alle Personen in Singular und Plural nur eine Endung.
2. Infinite Formen: haben keine Personalendungen. Zu den infiniten Formen zählen

Infinitiv	**måla**	*malen*
Partizip Präsens	**målande**	*malend*
Partizip Perfekt	**målad**	*gemalt*

Anmerkung:

Dem deutschen Begriff Partizip Perfekt entsprechen in der schwedischen Grammatik traditionell zwei Begriffe: Die zur Zeitenbildung verwendete Form nennt man in der schwedischen Grammatik in der Regel **supinum**, nur die adjektivischen Formen heißen dort **perfekt particip**.

In Anlehnung an die deutsche Grammatik wird hier auf die Bezeichnung Supinum verzichtet. Die adjektivischen Formen des Partizip Perfekt werden auf Seite 81 eigens behandelt.

Einfache und zusammengesetzte Zeiten

Man unterscheidet einfache und zusammengesetzte Zeiten. Einfache Zeiten sind: Präsens (Gegenwart) und Präteritum (Vergangenheit). Ihre Bildung wird bei den einzelnen Konjugationen behandelt. Zusammengesetzte Zeiten sind Perfekt (vollendete Gegenwart), Plusquamperfekt (vollendete Vergangenheit), Futur (Zukunft) und Konditional (Bedingungsform).

Die Bildung der zusammengesetzten Zeiten

Perfekt	har + Part. Perf. = Präsens von ha(va)	
	jag, du, han, hon, det, vi, ni, de har målat *ich habe gemalt, du hast gemalt* usw.	
Plusquam- perfekt	hade + Part. Perf. = Präteritum von ha(va)	
	jag, du … usw. hade målat *ich hatte gemalt, du hattest gemalt* usw.	
Futur	ska(ll) + Infinitiv = Präsens von skola	
	jag ska måla *ich werde malen* usw.	
Konditional I	skulle + Infinitiv = Präteritum von skola	
	jag skulle måla *ich würde malen* usw.	
Konditional II	skulle + ha + Part. Perf. = Präteritum von skola, Infinitiv von ha(va)	
	jag skulle ha målat. *ich würde gemalt haben* usw.	

2. Die Konjugationen (Beugungen)

Es gibt im Schwedischen vier Grundmuster, Verben zu beugen. Diese verschiedenen Muster nennt man Konjugationen. Man unterscheidet drei schwache (1.–3.) und die starke (4.) Konjugation. Eigene Muster bilden die unregelmäßigen Verben und die Hilfsverben. Zunächst werden die Formen im Indikativ Aktiv dargestellt.

1. Konjugation

In der ersten Konjugation entspricht der Stamm dem Infinitiv. An den Stamm hängt man im Präsens die Endung **-r**, im Präteritum die Endung **-de** und im Partizip Perfekt die Endung **-t**. In Wörterbüchern ist diese Konjugation häufig durch die Flexionsangabe **-ade, -at** nach dem Infinitiv gekennzeichnet.

Beispielwort: **måla**   *malen, anstreichen*
Stamm: **måla-**

Präsens	jag, du, han, hon, det, vi, ni, de	**målar**	*ich male* *du malst* usw.
Präteritum	jag, du, han, hon, det, vi, ni, de	**målade**	*ich malte* *du maltest* usw.
Perfekt	jag, du, han, hon, det, vi, ni, de	**har målat**	*ich habe gemalt* *du hast gemalt* usw.

2. Konjugation

In der zweiten Konjugation entspricht der Stamm dem Infinitiv ohne **-a**. In dieser Konjugation unterscheidet man zwei Untergruppen nach der Endung im Präteritum.

a) An den Stamm hängt man im Präsens die Endung **-er**, im Präteritum die Endung **-de** und im Partizip Perfekt die Endung **-t**. In Wörterbüchern sind diese Verben häufig durch die Flexionsangabe **-de, -t** nach dem Infinitiv gekennzeichnet.

Beispielwort: **stänga**   *schließen*
Stamm: **stäng-**

Präsens	**jag stänger**	*ich schließe*
Präteritum	**jag stängde**	*ich schloss*
Perfekt	**jag har stängt**	*ich habe geschlossen*

Einige Besonderheiten dieser Verben:

- Wenn der Stamm auf Langvokal + **-r** oder **-l** endet, erhält das Verb im Präsens keine Endung:

köra	**kör**	*fahren*	*fährt*
tåla	**tål**	*vertragen*	*verträgt*

- Wenn der Stamm auf **-nd** endet, geht das **-d** vor den Endungen im Präteritum und im Partizip Perfekt verloren:

tända – tände – tänt   *anzünden – zündete an – angezündet*

- Wenn der Stamm auf einem Vokal + **d** endet, wird dieses **-d** vor der Endung des Partizip Perfekt zu **-t-**:

råda   rådde   rått   *raten – riet – geraten*

b) An den Stamm hängt man im Präsens die Endung **-er**, im Präteritum die Endung **-te** und im Partizip Perfekt die Endung **-t**. Zu dieser Gruppe gehören Verben, deren Stamm auf **-p**, **-t**, **-k** oder **-s** endet sowie einige, deren Stamm auf **-n** oder **-l** endet. In Wörterbüchern sind diese Verben häufig durch die Flexionsangaben **-te**, **-t** nach dem Infinitiv gekennzeichnet.

Beispielwort:	**köpa**	*kaufen*
Stamm:	**köp-**	

Präsens	**jag köper**	*ich kaufe*
Präteritum	**jag köpte**	*ich kaufte*
Perfekt	**jag har köpt**	*ich habe gekauft*

Einige Besonderheiten dieser Verben:

- Wenn der Stamm auf einen Konsonanten + **t** endet, geht dieses **-t** im Präteritum und im Partizip Perfekt verloren:

smälta – smälte – smält   *schmelzen – schmolz – geschmolzen*

- Einige dieser Verben bilden auch Formen nach der 1. Konjugation, z. B.

spela – spelte/spelade – spelt/spelat   *spielen – spielte – gespielt*

Ebenso

koka, låna, tala   *kochen, leihen, sprechen u. a.*

3. Konjugation

In der dritten Konjugation entspricht der Stamm dem Infinitiv. An den Stamm hängt man im Präsens die Endung **-r**, im Präteritum die Endung **-dde** und im Partizip Perfekt die Endung **-tt** an. In Wörterbüchern sind diese Verben häufig durch die Flexionsangaben **-dde, -tt** gekennzeichnet.

Beispielwort: **sy**   *nähen*
Stamm: **sy-**

Präsens	jag syr	*ich nähe*
Präteritum	jag sydde	*ich nähte*
Perfekt	jag har sytt	*ich habe genäht*

4. Konjugation

In der vierten Konjugation entspricht der Stamm dem Infinitiv ohne **-a**, wenn der Infinitiv auf **-a** endet. Endet der Infinitiv auf einen anderen Vokal, so entspricht der Stamm dem Infinitiv. Die erste Gruppe hat im Präsens die Endung **er**, die zweite hat die Endung **-r**. Generelle Regeln zur Präteritumbildung oder zur Bildung des Partizip Perfekt gibt es nicht; die Formen müssen für jedes Verb gelernt werden.

Beispielwort: **skriva**   *schreiben*
Stamm: **skriv-**

Präsens	jag skriver	*ich schreibe*
Präteritum	jag skrev	*ich schrieb*
Perfekt	jag har skrivit	*ich habe geschrieben*

Beispielwort: **gå**   *gehen*
Stamm: **gå-**

Präsens	jag går	*ich gehe*
Präteritum	jag gick	*ich ging*
Perfekt	jag har gått	*ich bin gegangen*

Übersicht über die starken Verben

Infinitiv	Präsens	Präteritum	Part. Perf.	
be(dja)	ber	bad	bett	*bitten*
binda	binder	band	bundit	*binden*
bita	biter	bet	bitit	*beißen*
bjuda	bjuder	bjöd	bjudit	*bieten*
brinna	brinner	brann	brunnit	*brennen*
brista	brister	brast	brustit	*fehlen, bersten*
bryta	bryter	bröt	brutit	*brechen*
bära	bär	bar	burit	*tragen*
draga	dra(ge)r	drog	dragit	*ziehen*
dricka	dricker	drack	druckit	*trinken*
driva	driver	drev	drivit	*treiben*
dö	dör	dog	dött	*sterben*
falla	faller	föll	fallit	*fallen*
finna	finner	fann	funnit	*finden*
flyga	flyger	flög	flugit	*fliegen*
flyta	flyter	flöt	flutit	*fließen*
frysa	fryser	frös	frusit	*frieren*
försvinna	försvinner	försvann	försvunnit	*verschwinden*
giva	giver, ger	gav	givit	*geben*
gjuta	gjuter	göt	gjutit	*gießen*
glida	glider	gled	glidit	*gleiten*
gnida	gnider	gned	gnidit	*reiben*
gripa	griper	grep	gripit	*greifen*
gråta	gråter	grät	gråtit	*weinen*
gå	går	gick	gått	*gehen*
hugga	hugger	högg	huggit	*hauen*
hålla	håller	höll	hållit	*halten*
kliva	kliver	klev	klivit	*gehen, steigen*
klyva	klyver	klöv	kluvit	*spalten*
knipa	kniper	knep	knipit	*kneifen*
knyta	knyter	knöt	knutit	*knüpfen*
komma	kommer	kom	kommit	*kommen*

Infinitiv	Präsens	Präteritum	Part. Perf.	
le	ler	log	lett	*lachen*
lida	lider	led	lidit	*leiden*
ligga	ligger	låg	legat	*liegen*
ljuda	ljuder	ljöd	ljudit	*tönen, lauten*
ljuga	ljuger	ljög	ljugit	*lügen*
låta	låter	lät	låtit	*lassen*
njuta	njuter	njöt	njutit	*genießen*
nysa	nyse	nös, nyste	nyst	*niesen*
rida	rider	red	ridit	*reiten*
riva	river	rev	rivit	*reißen, reiben*
se	ser	såg	sett	*sehen*
sitta	sitter	satt	suttit	*sitzen*
sjunga	sjunger	sjöng	sjungit	*singen*
sjunka	sjunker	sjönk	sjunkit	*sinken*
skina	skiner	sken	skinit	*scheinen*
skjuta	skjuter	sköt	skjutit	*schießen*
skrika	skriker	skrek	skrikit	*schreien*
skriva	skriver	skrev	skrivit	*schreiben*
skära	skär	skar	skurit	*schneiden*
slita	sliter	slet	slitit	*abnutzen*
sluta	sluter	slöt	slutit	*schließen*
slå	slår	slog	slagit	*schlagen*
snyta	snyter	snöt	snutit	*schneuzen*
sova	sover	sov	sovit	*schlafen*
spinna	spinner	spann	spunnit	*spinnen*
spricka	spricker	sprack	spruckit	*bersten, platzen*
sprida	sprider	spred, spridde	spridit, spritt	*verbreiten*
springa	springer	sprang	sprungit	*laufen*
stiga	stiger	steg	stigit	*steigen*
stjäla	stjäl	stal	stulit	*stehlen*
strida	strider	stred	stridit	*streiten*
stryka	stryker	strök	strukit	*bügeln*
stå	står	stod	stått	*stehen*
svida	svider	sved	svidit	*brennen, schmerzen*

Infinitiv	Präsens	Präteritum	Part. Perf.	
ta(ga)	ta(ge)r	tog	tagit	*nehmen*
tiga	tiger	teg	tigit	*schweigen*
tvinga	tvingar	tvang, tvingade	tvungit, tvingat	*zwingen*
vika	viker	vek	vikit	*weichen*
vinna	vinner	vann	vunnit	*gewinnen*
vrida	vrider	vred	vridit	*winden*
växa	växer	växte	vuxit, växt	*wachsen*
äta	äter	åt	ätit	*essen*

Unregelmäßige Verben

Die unregelmäßigen Verben haben im Allgemeinen verschiedene Vokale in Präsens und Präteritum, flektieren aber sonst wie die schwachen Verben (▸ dt. *bringen, brachte, gebracht*).

Beispielwort: **göra** *machen*
Stamm: **gör-**

Präsens	jag gör	*ich mache*
Präteritum	jag gjorde	*ich machte*
Partizip Perfekt	jag har gjort	*ich habe gemacht*

Zu den adjektivischen Formen des Partizip Perfekt ▸ Seite 96 f.

Übersicht über die unregelmäßigen Verben

Infinitiv	Präsens	Präteritum	Part. Perf.	
dölja	döljer	dolde	dolt	*verbergen*
glädja	gläd(j)er	gladde	glatt	*freuen*
göra	gör	gjorde	gjort	*machen, tun*
heta	heter	hette	hetat	*heißen*
lägga	lägger	lade	lagt	*legen*
skilja	skiljer	skilde	skilt	*trennen*
smörja	smörjer	smorde	smort	*schmieren*
spörja	spörjer	sporde	sport	*fragen*

Infinitiv	Präsens	Präteritum	Part. Perf.	
stödja	stöd(j)er	stödde	stött	*stützen*
säga	säger	sa(de)	sagt	*sagen*
sälja	säljer	sålde	sålt	*verkaufen*
sätta	sätter	satte	satt	*setzen*
veta	vet	visste	vetat	*wissen*
välja	väljer	valde	valt	*wählen*
vänja	vänjer	vande	vant	*gewöhnen*

Pluralformen

In älteren Texten findet man gelegentlich noch die bis ins 20. Jhdt. gebräuchlichen Pluralformen der Verben. Im Präsens waren sie gleichlautend mit dem Infinitiv.

vi måla, stänga, köpa, sy, skriva, göra
wir malen, schließen, kaufen, nähen, schreiben, machen
(heute nur **vi målar** *wir malen* usw.)

Eigene Präteritumformen des Plurals gab es nur in der 4. Konjugation. Dazu wurde die Endung **-o** an den Stamm angehängt, der bei einigen Verben denselben Vokal, wie das Präteritum und bei anderen denselben Vokal wie das Partizip hatte. Solche Formen findet man z. B. noch in Volksliedern.

vi gingo, sprungo, togo
wir gingen, sprangen, nahmen
(heute **nur sprang, tog** usw.)

3. Hilfsverben und Modalverben

Hilfsverben stehen gemeinsam mit dem Infinitiv oder dem Partizip eines anderen Verbs. Hilfsverben sind die Verben, die zur Zeitenbildung verwendet werden. Modalverben modifizieren die Art und Weise des Geschehens, sie drücken eine subjektive Einstellung oder die Meinung der Sprechenden aus. Nach Hilfsverben und Modalverben steht nie das Infinitivkennzeichen **att**.

Übersicht über die Hilfsverben und Modalverben

Infinitiv	Präsens	Präteritum	Part. Perf.	
bli(va)	blir	blev	blivit	*werden, bleiben*
böra	bör	borde	bort	*sollen, müssen*
ha(va)	har	hade	haft	*haben*
kunna	kan	kunde	kunnat	*können*
–	lär	–	–	*sollen*
–	måste	måste	måst	*müssen*
–	må	måtte	–	*mögen*
skola	ska(ll)	skulle	skolat	*sollen, werden*
vara	är	var	varit	*sein*
vilja	vill	ville	velat	*wollen*
–	–	torde	–	*sollen, können*

bli(va)
verwendet man zur Passivbildung (▶ Seite 92 f.).

Jag blev tillkallad.   *Ich wurde herbeigerufen.*

böra
verwendet man zum Ausdruck der Zweckmäßigkeit, Möglichkeit, Annahme.

Du borde läsa den här boken.   *Du solltest dieses Buch hier lesen.*
Det borde fungera.   *Das müsste funktionieren*
                                (es ist wohl möglich).

ha(va)
verwendet man zur Zeitenbildung (▶ Seite 81 f.).

Jag har läst boken.   *Ich habe das Buch gelesen.*
Jag hade läst boken.   *Ich hatte das Buch gelesen.*

kunna
drückt die Möglichkeit oder die Fähigkeit aus, etwas zu tun.

Jag kan simma.   *Ich kann schwimmen (habe es*
Jag kunde inte komma.   *gelernt).*
                                  Ich konnte nicht kommen
                                  (es kam mir etwas dazwischen).

lär
drückt eine Annahme von Hörensagen aus.

Det lär vara en bra bok.   *Das soll ein gutes Buch sein*
                                  (habe ich sagen hören).

måste

drückt Pflicht oder Notwendigkeit aus, gelegentlich auch Wahrscheinlichkeit.

Ni måste absolut komma.   *Ihr müsst unbedingt kommen.*
Det måste vara Lena som ringer.   *Es muss (wahrscheinlich) Lena sein, die anruft.*

må

drückt einen Wunsch oder, mit Verneinung, ein Verbot aus.

Kungen må leva!   *Es lebe der König!*
Må ej röras.   *Berühren verboten.*
     (wörtl.: Darf nicht berührt werden.)

skola

verwendet man zur Bildung von Futur und Konditional (▸ Seite 81).
Als Modalverb bedeutet **ska**

a) Pflicht oder Notwendigkeit
     Du ska komma i tid.   *Du musst pünktlich kommen.*

b) dasselbe wie **lär**
     Det ska vara en bra bok.   *Es soll ein gutes Buch sein.*

c) Wahrscheinlichkeit
     Det ska bli regn i morgon.   *Morgen regnet es (wahrscheinlich).*

få (4. Konjugation)

bedeutet als Vollverb bekommen, als Hilfsverb drückt es aus

a) eine Erlaubnis bzw. ein Verbot
     Får man röka här?   *Darf man hier rauchen?*
     Nej, det får man inte.   *Nein, das darf man nicht.*

b) eine Notwendigkeit oder einen Zwang
     Jag fick betala hundra kronor.   *Ich musste hundert Kronen bezahlen.*

c) den Beginn einer Wahrnehmung in folgenden Wendungen mit anderen Verben (keine echte Modalbedeutung)
     få höra   *zu hören bekommen*
     få se   *erblicken*
     få veta   *zu wissen bekommen, erfahren*

låta (4. Konjugation)
bedeutet als Vollverb *lassen*, als Hilfsverb drückt es aus

a) eine Erlaubnis
   Jag lät honom få boken.   *Ich ließ ihn das Buch haben.*

b) eine Veranlassung
   Vi lät renovera lägenheten.   *Wir ließen die Wohnung
   renovieren.*

tänka (2. Konjugation)
bedeutet als Vollverb *denken*, als Hilfsverb drückt es eine Absicht aus.

Jag tänker gå klockan fem.   *Ich habe vor, um fünf Uhr zu gehen.*

orka (1. Konjugation)
bedeutet als Vollverb *vermögen, bewältigen*, als Hilfsverb drückt es das
Vermögen aufgrund physischer oder psychischer Kraft aus.

Jag orkar inte jobba övertid.   *Ich kann keine Überstunden
machen.*

4. Der Imperativ (Befehlsform)

Der Imperativ ist immer gleich dem Stamm (▸ Seite 80 ff.).

	Infinitiv	Imperativ	
1. Konjugation	**baka**	**baka!**	*back!*
2. Konjugation a)	**stänga**	**stäng!**	*schließ!*
b)	**läsa**	**läs!**	*lies!*
3. Konjugation	**sy**	**sy!**	*näh!*
4. Konjugation	**springa**	**spring!**	*lauf!*
	gå	**gå!**	*geh!*
Unregelmäßige	**göra**	**gör!**	*mach!*

Tala högre!	*Sprich lauter!*
Gå fortare!	*Geh schneller!*
Gör det inte!	*Tu es nicht!*
Var snäll och ...	*Bitte* (wörtl.: *Sei so nett und ...*)
Hjälp mig är du snäll.	*Hilf mir bitte.*

5. Der Konjunktiv

Im heutigen Schwedisch ist der Konjunktiv kaum mehr gebräuchlich. Konjunktiv Präsens kommt vor allem noch in der Rechtssprache und in festen Redewendungen vor. Bei Verbstämmen, die auf einem betonten Vokal enden, hat der Konjunktiv keine Endung, er ist formal identisch mit Imperativ und Infinitiv. Die anderen Verben fügen ein **-e** an den Stamm an.

Leve han!	*Er lebe (hoch)!*
Tillkomme ditt rike.	*Dein Reich komme.*
Gud ske lov!	*Gott sei Dank (Lob)!*
Tro det den som vill.	*Das glaube, wer will.*

Im Präteritum kommen bis ins 20. Jhdt. noch die Konjunktivformen der starken Verben und der Hilfsverben in Texten vor. Sie haben als Endung **-e**. Nur die Konjunktivform **vore** wird heute noch neben den Indikativformen in Wunsch- oder Bedingungssätzen gebraucht.

Om jag vore/var rik, skulle jag resa till Paris varje vecka.	*Wenn ich reich wäre, würde ich jede Woche nach Paris reisen.*

Der Konjunktiv steht nie in der indirekten Rede!

Hon säger att hon har tid.	*Sie sagt, dass sie Zeit habe/hätte.*

6. Das Passiv (Leideform)

Im Schwedischen gibt es ein einfaches und ein zusammengesetztes Passiv. Das einfache Passiv oder s-Passiv wird nach folgendem Schema durch Anhängen von **-s** an die Aktivformen der Verben gebildet.

1.	**Dörren** *Die Tür* **Fönstret** *Das Fenster* **Dörrarna** *Die Türen*	målas. *wird/werden angestrichen.*	målades. *wurde/n angestrichen.*	har målats. *ist/sind angestrichen worden.*
2. a)	**Dörren** *Die Tür* **Fönstret** *Das Fenster* **Dörrarna** *Die Türen*	stängs. *wird/werden geschlossen.*	stängdes. *wurde/n geschlossen.*	har stängts. *ist/sind geschlossen worden.*

2. b)	**Mjölken** *Die Milch* **Brödet** *Das Brot* **Böckerna** *Die Bücher*	köps. *wird/werden gekauft.*	köptes. *wurde/n gekauft.*	har köpts. *ist/sind gekauft worden.*
3.	**Klänningen** *Das Kleid* **Förklädet** *Die Schürze* **Klänningarna** *Die Kleider*	sys. *wird/werden genäht.*	syddes. *wurde/n genäht.*	har sytts. *ist/sind genäht worden.*
4.	**Boken** *Das Buch* **Brevet** *Der Brief* **Böckerna** *Die Bücher*	skrivs. *wird/werden geschrieben.*	skrevs. *wurde/n geschrieben.*	har skrivits. *ist/sind geschrieben worden.*

Entsprechend werden auch Plusquamperfekt und Futur gebildet.

Dörren skall målas.   *Die Tür wird angestrichen werden.*
Boken hade skrivits.   *Das Buch war geschrieben worden.*
usw.

Das zusammengesetzte Passiv wird mit den Formen von **bli(va)** *(werden)* oder **vara** *(sein)* + dem adjektivischen Partizip Perfekt gebildet. Das Passiv mit **bli** hebt die Handlung als solche hervor (Vorgangspassiv), das Passiv mit **vara** hebt den durch die Handlung erreichten Zustand oder das Ergebnis hervor (Zustandspassiv).

Bilen blev stulen.   *Das Auto wurde gestohlen.*
Bilen var stulen.   *Das Auto war gestohlen.*

Zur Verwendung des s-Passivs:

a) Das s-Passiv wird als echtes Passiv verwendet, wenn unbekannt oder unwesentlich ist, wer die Handlung ausführt.

Det påstås att ...   *Es wird behauptet, dass ...*

Das schwedische Passiv entspricht häufig aktivischen Sätzen mit *man*.

Hörs trafiken mycket här på natten?   *Hört man den Verkehr hier nachts sehr?*

Der Urheber einer Handlung im Passiv wird durch **av** angegeben.

Tavlan målades av en kvinna.   *Das Bild wurde von einer Frau gemalt.*

b) Verben auf -s können auch reziproke (rückbezügliche) Bedeutung haben.

Det var trevligt att träffas.   *Es war nett, sich (einander) zu*
Vi ses sällan numera.   *treffen.*
   Wir sehen uns derzeit selten.

c) Einige Verben sind sogenannte Deponentien, d. h. sie haben passivische Form, aber aktivische Bedeutung. Diese Verben kann man nicht ins Passiv setzen, man muss dann andere Verben verwenden. Deponentien flektieren wie aktive Verben im s-Passiv.

andas	*atmen*	**låtsas**	*tun als ob*
finnas	*existieren*	**minnas**	*sich erinnern*
hoppas	*hoffen*	**trivas**	*sich wohlfühlen*
lyckas	*gelingen*	**åldras**	*alt werden, altern*

Jag hoppas att du kommer igen.   *Ich hoffe, dass du wiederkommst.*
När man inandas ...   *Wenn man einatmet ...*

7. Infinite Verbformen

Der Infinitiv

Mit wenigen Ausnahmen endet der Infinitiv (Grundform; Form, unter der das Verb im Wörterbuch steht) aller Verben auf **-a**: **måla** (*malen*). **läsa** (*lesen*), **sjunga** (*singen*). Vor den alleinstehenden Infinitiv setzt man das Infinitivkennzeichen **att**: **att måla**, **att läsa** usw.

Das Partizip Präsens (Mittelwort der Gegenwart)

Das Partizip Präsens wird gebildet:

a) durch Anhängen von **-ende** an den Stamm, wenn der Stamm auf betonten Vokal endet (3. Konjugation und gewisse Verben der 4. Konjugation):

Infinitiv	Stamm	Partizip	
gå (4)	gå-	**gående**	*gehend*
tro (3)	tro-	**troende**	*glaubend*

b) durch Anhängen von **-ande** an alle anderen Stämme, unbetontes -a als Stammauslaut der 1. Konjugation fällt allerdings aus.

Infinitiv	Stamm	Partizip	
leka (2b)	lek-	**lekande**	*spielend*
tala (1)	tala-	**talande**	*sprechend*

Außer in einigen festen Ausdrücken (z. B. **vara till finnandes** – *zu finden sein*) ist das Partizip Präsens immer aktivisch und wird adjektivisch, substantivisch und als Adverb gebraucht.

a) Adjektivischer Gebrauch

Als Adjektiv gebraucht ist das Partizip unveränderlich. Es kann mit **mer(a)** und **mest** gesteigert werden (▸ Seite 49 f).

ett motsvarande belopp	*ein entsprechender Betrag*
lekande barn	*spielende Kinder*

b) Substantivischer Gebrauch

Als Substantive können Partizipien nach der 4. oder 5. Deklination flektieren. Nach der 4. Deklination flektieren solche mit abstrakter Bedeutung.

en studerande (5)	*ein(e) Studierende(r)*
ett öppnande (4)	*eine Eröffnung*

c) Als Adverb ist das Partizip unveränderlich.

Han såg bedjande på henne.	*Er sah sie bittend an.*
Hon spelar strålande.	*Sie spielt glänzend.*
ett förbluffande bra resultat	*ein verblüffend gutes Resultat*

Dem Partizip Präsens in Verbindung mit den Verben **komma** *(kommen)*, **gå** *(gehen)* und **bli** *(bleiben)* entsprechen im Deutschen in der Regel der Infinitiv oder das Partizip Perfekt.

De går sjungande.	*Sie gehen und singen.*
Hon kommer springande.	*Sie kommt gelaufen* *(wörtl.: kommt laufend).*
Hon blev sittande.	*Sie blieb sitzen (wörtl.: blieb sitzend).*

Das Partizip Perfekt (Mittelwort der Vergangenheit)

Um das Partizip Perfekt zu bilden, hängt man die Endung **-d** oder **-t** an den Stamm der schwachen Verben, deren Stamm auf unbetontes **-a** oder Konsonant endet (1. und 2. Konjugation). Dabei haben Verben, die im Präteritum **-de** haben, die Endung **-d**; die Verben, die **-te** haben, bekommen die Endung **-t**. Bei Verben, deren Stamm auf betonten Vokal endet (3. Konjugation), hängt man die Endung **-dd** an. Bei den starken Verben (4. Konjugation) hängt man die Endung **-en** an den Stamm, dabei sind Vokalveränderungen möglich (▸ Übersicht über die starken Verben Seite 85 ff.). Die unregelmäßigen Verben haben **-d**.

Die so gebildeten Formen sind die Utrum-Formen des adjektivischen Partizip Perfekt.

Übersicht über die Formen des Partizip Perfekt

	Utrum	Neutrum	Plural = best. Form	
1.	**målad**	**målat**	**målade**	*gemalt, -e, -er, -es*
2. a)	**stängd**	**stängt**	**stängda**	*geschlossen* usw.
2. b)	**köpt**	**köpt**	**köpta**	*gekauft* usw.
3.	**sydd**	**sytt**	**sydda**	*genäht* usw.
4.	**skriven**	**skrivet**	**skrivna**	*geschrieben* usw.
	gjord	**gjort**	**gjorda**	*gemacht* usw.
unregel-mäßig	**vald**	**valt**	**valda**	*gewählt* usw.

Zur Bildung des Perfekts (▸ Seite 81) wird die unveränderliche Supinum-Form verwendet, die häufig identisch ist mit der neutralen Form des Partizip Perfekt.

Stolen är målad.	*Der Stuhl ist gestrichen.*
Huset är målat.	*Das Haus ist gestrichen.*
Stolarna/husen är målade.	*Die Stühle/Häuser sind gestrichen.*

Aber

Jag har målat stolen/huset/ stolarna/husen.	*Ich habe den Stuhl/das Haus/ die Stühle/die Häuser gestrichen.*
Dörren är stängd.	*Die Tür ist geschlossen.*
Fönstret är stängt.	*Das Fenster ist geschlossen.*
Dörrarna/Fönstren är stängda.	*Die Türen/Fenster sind geschlossen.*

Aber

Jag har stängt dörren/fönstret/ dörrarna/fönstren.	*Ich habe die Tür/das Fenster/ die Türen/die Fenster geschlossen.*

Bilen är köpt.	*Das Auto ist gekauft.*
Huset är köpt.	*Das Haus ist gekauft.*
Bilarna/Husen är köpta.	*Die Autos/Häuser sind gekauft.*

Aber

Jag har köpt bilen/huset/ bilarna/husen.	*Ich habe das Auto/das Haus/ die Autos/die Häuser gekauft.*

Klänningen är sydd.	*Das Kleid ist genäht.*
Förklädet är sytt.	*Die Schürze ist genäht.*
Klänningarna/Förklädena är sydda.	*Die Kleider/Schürzen sind genäht.*

Aber

Jag har sytt klänningen/ förklädet/klänningarna/ förklädena.	*Ich habe das Kleid/die Schürze/ die Kleider/die Schürzen genäht.*

Boken är skriven.	*Das Buch ist geschrieben.*
Brevet är skrivet.	*Der Brief ist geschrieben.*
Böckerna/Breven är skrivna.	*Die Bücher/Briefe sind geschrieben.*

Aber

Jag har skrivit boken/brevet/ böckerna/breven.	*Ich habe das Buch/den Brief/ die Bücher/die Briefe geschrieben.*

Läxan är gjord.	*Die Hausaufgabe ist gemacht.*
Arbetet är gjort.	*Die Arbeit ist gemacht.*
Läxorna/Arbeten är gjorda.	*Die Hausaufgaben/Arbeiten sind gemacht.*

Aber

Jag har gjort läxan/arbetet/ läxorna/arbeten	*Ich habe die Aufgabe/die Arbeit/ die Aufgaben/die Arbeiten gemacht.*

Auch wenn das Partizip als Apposition, d. h. als Beifügung, nachgestellt wird, stimmt es in Geschlecht und Zahl mit dem Bezugswort überein.

På gatan vimlade det av människor, klädda i färgstarka folkdräkter.	*Auf der Straße wimmelte es von Menschen, gekleidet in farbenfrohe Trachten.*

Anmerkung:

Die bestimmte Form des Partizips steht, wie das schwache Adjektiv (▸ Seite 48) bei der bestimmten Form des Substantivs, also:

en målad stol	*ein gestrichener Stuhl*
den målade stolen	*der gestrichene Stuhl*

8. Die Verwendung von Präteritum und Perfekt

Zeitangaben in der Vergangenheit stehen im Schwedischen im Allgemeinen im Präteritum.

Vi tog en lång promenad.	*Wir machten einen langen Spaziergang.*

Im Deutschen entspricht dem schwedischen Präteritum, besonders in der Umgangssprache, häufig das Perfekt.

Jag köpte mig en bok i går.	*Ich habe mir gestern ein Buch gekauft.*
Vi satte oss och beundrade utsikten.	*Wir setzten uns und haben die Aussicht bewundert.*
Vad gjorde du i går?	*Was hast du gestern gemacht?*

Das Präteritum steht weiterhin in spontanen Äußerungen, die im Deutschen immer mit dem Präsens stehen.

Det var synd.	*Das ist schade.*
Det var bra att du kom.	*Es ist gut, dass du gekommen bist.*
Det var fantastiskt gott.	*Das ist fantastisch gut.*
Det var bra att jag träffade dig.	*Wie gut, dass ich dich treffe!*

Das Perfekt gebraucht man, wenn die in der Vergangenheit begonnene Handlung oder ein Zustand, der in der Vergangenheit angefangen hat, in der Gegenwart andauert (ähnlich wie das *present perfect* im Englischen). Im Deutschen kann man es häufig mit *schon* + Präsens wiedergeben.

Har du bott här länge?	*Wohnst du schon lange hier?*
Hur länge har du läst svenska?	*Wie lange studierst du (schon) Schwedisch?*

Präteritum und Perfekt im Vergleich:

Jag bodde här i tre år (för många år sedan).	*Ich wohnte drei Jahre hier (vor vielen Jahren).*
Jag har bott här i tre år.	*Ich wohne (schon) drei Jahre hier.*

9. Reflexive (Rückbezügliche) Verben

Reflexive Verben sind solche Verben, bei denen dieselbe Person Subjekt und Objekt ist. Sie werden mit den Objektformen der Personalpronomen (▶ Seite 57 f.) verbunden, dabei kann in der 3. Person nur **sig** stehen.

Vi förlovade oss förra året.	*Wir verlobten uns letztes Jahr.*
De gifte sig i går.	*Sie heirateten gestern.*

Reflexiver und nicht reflexiver Gebrauch im Vergleich:

Hon tvättade sig.	*Sie wusch sich.*
Hon tvättade henne.	*Sie wusch sie (z. B. die Tochter).*

10. Zusammengesetzte Verben

Man unterscheidet zwischen trennbaren und nicht trennbaren Zusammensetzungen.

a) Nicht trennbare Zusammensetzungen werden mit folgenden Präfixen (Vorsilben) gebildet: **an-**, **be-**, **er-**, **för-**, **här-**, **miss-**, **sam-**, **um-**, **und-**, **van-**, **å-**; z. B.

betala	*bezahlen*	**missförstå**	*missverstehen*
erhålla	*erhalten*	**samarbeta**	*zusammenarbeiten*

Kan vi få betala?	*Können wir zahlen?*
Du har missförstått mig.	*Du hast mich missverstanden.*

b) Andere Verben haben trennbare Verbzusätze. d.h. im Partizip Präsens und im Partizip Perfekt sind diese Zusätze wie Präfixe (Vorsilben) fest mit dem Verb verbunden. In den übrigen Formen des Verbs stehen sie getrennt nach. Wenn sie getrennt nachstehen, erhalten sie die Satzbetonung.

Jag tycker 'om kräftor.	*Ich mag Krebse.*
Kräftor är mycket omtyckta i Sverige.	*Krebse sind in Schweden sehr beliebt.*
stiga på tåget (Präposition)	*in den Zug steigen*
stiga 'på (Verbzusatz)	*einsteigen*
Nypåstigna?	*Jemand neu zugestiegen?*

c) Manche Verben sind bisweilen fest, bisweilen trennbar mit dem Verbzusatz verbunden. Dabei hat die trennbare Zusammensetzung manchmal eine konkrete, die nicht trennbare eine übertragene Bedeutung.

Hon bröt av en kvist.	*Sie brach einen Zweig ab.*
Hon avbröt samtalet.	*Sie brach das Gespräch ab.*

d) Manche Verben haben unterschiedliche Bedeutung, je nachdem, ob der Verbzusatz trennbar oder nicht trennbar ist: *wir setzen über – wir übersetzen*.

Hon avgick med pension.	*Sie trat in den Ruhestand.*
Bordsbenet gick av.	*Das Tischbein ging ab.*

11. Transitive und intransitive Verben

Transitive Verben sind solche Verben, die ein Objekt nach sich haben, intransitive Verben haben kein Objekt. Verben sind entweder

a) nur transitiv, z.B. **köpa**;

Jag köper en bok.	*Ich kaufe ein Buch.*

b) nur intransitiv, z.B. **vakna**;

Jag vaknade klockan 7.	*Ich wachte um 7 Uhr auf.*

c) transitiv oder intransitiv, z.B. **sluta** (mit unterschiedlicher Konjugation).

Jag slutar klockan 5.	*Ich mache um 5 Schluss.*
Jag sluter ögonen.	*Ich schließe die Augen.*

Es gibt zahlreiche Verbpaare mit verwandtem oder sogar gleichem Stamm, bei denen das eine Verb transitiv, das andere intransitiv ist.

transitiv		intransitiv	
lägga	*legen*	**ligga**	*liegen*
ställa	*stellen*	**stå**	*stehen*
sänka	*senken*	**sjunka**	*sinken*
sätta	*setzen*	**sitta**	*sitzen*

PRÄPOSITIONEN – *VERHÄLTNISWÖRTER*

Präpositionen sind unveränderliche Wörter, die meist vor einem Substantiv oder einem Pronomen in Objektform stehen. Nur wenige umrahmen ein Substantiv oder Pronomen im Genitiv. Präpositionen sind in der Regel im Satz unbetont (▸ aber zusammengesetzte Verben b) Seite 99 f.). Man unterscheidet die Präpositionen nach ihrer äußeren Form:

a) einfache Präpositionen:

av	*von, aus*	**på**	*auf*
i	*in*	**u.a.**	

Hon läser på universitetet.   *Sie studiert an der Universität.*
Det beror på vädret.   *Es hängt vom Wetter ab.*
Kom före klockan 5!   *Komm vor 5 Uhr!*
Bordet är av trä.   *Der Tisch ist aus Holz.*

b) zusammengesetzte Präpositionen:

framför	*vor*	**ovanpå**	*obenauf*
innanför	*innerhalb*	**omkring**	*um ... herum*
utanför	*außerhalb*	**bredvid**	*neben*
ovanför	*oberhalb*	**bortifrån**	*weg von*
nedanför	*unterhalb*		

De stod framför huset.   *Sie standen vor dem Haus.*
Han stod bredvid henne.   *Er stand neben ihr.*

c) mehrwortige Präpositionen:

i stället för	*statt*
med anledning av	*anlässlich*
på grund av	*aufgrund*
till följd av	*infolge*
vid sidan av	*außer*
i fråga om	*betreffs*
med hänsyn till	*hinsichtlich*
med undantag av	*mit Ausnahme von*
från och med	*seit einschließlich*
till och med	*bis einschließlich*

Hon gick i stället för mig.   *Sie ging statt meiner.*
med anledningen av dagen   *anlässlich des Tages*
vid sidan av huset   *neben dem Haus*

Bei folgenden Ausdrücken wird das Substantiv oder Pronomen von den beiden Teilen der Präposition umrahmt:

för tre år sedan	*vor drei Jahren*
för hennes skull	*um ihretwillen, ihretwegen*

d) Formen aus anderen Wortklassen, die als Präpositionen gebraucht werden:

angående	*betreffend*	**enligt**	*gemäß*
beträffande	*betreffend*	**jämte**	*neben*
oavsett	*ungeachtet*	**medelst**	*mittels*

enligt min åsikt	*meiner Ansicht nach*
angående brevet från ...	*den Brief von/vom ... betreffend*

Ihrer Bedeutung nach kann man die Präpositionen in vier grobe Gruppen einteilen. Viele Präpositionen haben jedoch unterschiedliche Bedeutungen, je nachdem, in welchem Kontext sie gebraucht werden. Dieselbe Präposition kann dann sowohl räumliche als auch zeitliche als auch ursächliche Beziehungen angeben.

Oft bestimmt das vorausgehende Verb oder Adjektiv, welche Präposition verwendet werden muss. Deshalb ist es am sinnvollsten, die Präpositionen, mit denen sich Verben und Adjektive verbinden lassen, immer mitzulernen, z. B. **interessera sig för något** (*sich für etwas interessieren*), aber *vara* **interesserad av något** (*an etwas interessiert sein*). Der richtige Gebrauch der Präpositionen ist, wie im Deutschen auch, häufig eine Frage von Nuancen.

1. Ort, Raum, Richtung

bakom	*hinter*	**mellan**	*zwischen*
bland	*zwischen, unter*	**mot**	*gegen*
efter	*hinter (... her)*	**omkring**	*um ... herum*
framför	*vor*	**på**	*auf, an*
från	*von, aus*	**till**	*nach, zu*
före	*vor ... her*	**under**	*unter*
genom	*durch*	**utom**	*außerhalb*
hos	*bei*	**vid**	*bei, an*
i	*in*	**åt**	*in Richtung auf*
inom	*innerhalb, in*	**över**	*über*
längs	*entlang*		

Jag ska åka till Stockholm.	*Ich werde nach Stockholm fahren.*
Jag kommer från Uppsala.	*Ich komme aus Uppsala.*
mellan jul och nyår	*zwischen Weihnachten und Neujahr*
bland gästerna var	*unter den Gästen war(en)*
utom synhåll	*außer Sichtweite*
Huset ligger vid havet.	*Das Haus liegt am Meer.*

2. Zeit

efter	*nach*	**mot**	*gegen*
från	*von*	**om**	*nach Ablauf von*
före	*vor*	**på**	*an, während*
i	*während, an*	**sedan**	*seit*
innan	*bevor*	**till**	*bis*
inom	*binnen*	**under**	*während*
mellan	*zwischen*	**vid**	*um*

Efter en stund gick hon.	*Nach einer Weile ging sie.*
jobba från 8 till 5	*von acht bis fünf Uhr arbeiten*
Jag reser om en vecka.	*Ich reise in einer Woche.*
under 1800-talet	*während des 19. Jahrhunderts*
I jul reser vi till Paris.	*Diese Weihnachten fahren wir nach Paris.*
I julas var vi i Prag.	*Letzte Weihnachten waren wir in Prag.*
i söndags	*letzten Sonntag*
på söndagarna	*sonntags*
på söndag	*kommenden Sonntag*

På und **i** verwendet man zur Angabe einer Zeitdauer, dabei verwendet man **på**, wenn der Satz **inte** enthält.

Jag har bott här i två är.	*Ich wohne seit zwei Jahren hier.*
Vi hade inte sett dem på två år.	*Ich hatte sie zwei Jahre lang nicht gesehen.*

3. Art und Weise, Mittel, Material

av	*aus*	**med**	*mit*
efter	*nach*	**på**	*auf*
enligt	*gemäß*	**under**	*unter*
för	*für*	**utan**	*ohne*
genom	*durch*	**vid**	*bei*
i	*in*		

Det består av två delar.	*Es besteht aus zwei Teilen.*
Det är gjort för hand.	*Es ist von Hand gemacht.*
betala med kort	*mit Karte zahlen*
kaffe utan socker	*Kaffee ohne Zucker*
på svenska	*auf Schwedisch*
tack för hjälpen	*danke (für die Hilfe)*

4. Ursache, Zweck

av	*aus, von*	på	*auf, zu*
efter	*nach*	till	*zu, auf*
för	*um, zu*	över	*über*
om	*um*		

De skakade av rädsla.	*Sie zitterten vor Furcht.*
av en slump	*aus Zufall*
Jag blev glad över boken.	*Ich freute mich über das Buch.*
spela om pengar	*um Geld spielen*
Vi var bjudna på fest.	*Wir waren zum Fest eingeladen.*

Bisweilen drückt eine Konstruktion mit Präposition auch ein Genitiv-verhältnis aus. Auch im Deutschen steht der Genitiv *Evas Auto* neben dem Präpositionalausdruck *das Auto von Eva*. Im Schwedischen werden zu diesem Zweck gewöhnlich die Präpositionen **för**, **i**, **på**, **till**, **vid** und **över** gebraucht. So entsprechen sich bedeutungsmäßig **husets tak** *(das Dach des Hauses)* und **taket på huset** *(das Dach auf dem Haus)*. Weitere Beispiele:

en god vän till mig	*ein(e) gute(r) Freund(in) von mir*
en karta över Sverige	*eine Karte von Schweden*
målet för vår resa	*das Ziel unserer Reise*

Die Präposition **av** *(von)* kommt in dieser Funktion nur ganz selten vor, z. B.

drottningen av Danmark	*die Königin von Dänemark*

Zur Stellung der Präposition im Relativsatz mit **som** ▸ Seite 65 f.

Anmerkung zur Aussprache:
Wenn nach einer Präposition die Objektform eines Personalpronomens folgt, so wird im Allgemeinen die Präposition betont. Das Pronomen ist nur dann betont, wenn es besonders hervorgehoben werden soll.

Jag har inga pengar ˈpå mig.	*Ich habe kein Geld bei mir.*
Jag skrev till ˈdig.	*Dir habe ich geschrieben.*

Man unterscheidet zwei Gruppen von Konjunktionen:

1. Unterordnende Konjunktionen

Die unterordnenden Konjunktionen leiten Nebensätze (NS) ein. Im Schwedischen haben die Nebensätze dieselbe Wortfolge wie Hauptsätze (HS), während im Deutschen das finite (gebeugte) Verb ans Ende des Nebensatzes gestellt wird.

HS		**Jag**	**har**	**mycket tid.**
		Ich	*habe*	*viel Zeit.*
NS	**Jag vet,**	**att jag**	**har**	**mycket tid.**
	Ich weiß,	*dass ich*	*viel Zeit*	*habe.*

Der Nebensatz kann vor oder nach dem Hauptsatz stehen. Steht der Nebensatz davor, so verändert sich die Stellung von Subjekt und Prädikat (▸ Satzglieder, Seite 95) im Hauptsatz genau wie im Deutschen.

Vi bodde på landet, då jag var liten.	*Wir wohnten auf dem Land, als ich klein war.*
Då jag var liten, bodde vi på landet.	*Als ich klein war, wohnten wir auf dem Land.*

Ihrer Form nach kann man die unterordnenden Konjunktionen in drei Gruppen einteilen:

a) Einfache Konjunktionen:

att	*dass*	**an**	*als*
som	*wie*	**innan**	*bevor*
om	*ob, wenn*	**medan**	*während*
då	*als*	**sedan**	*seit(dem)*
när	*wenn, als*	**fast**	*obwohl*

Eine Reihe dieser Wörter kann auch eine andere Funktion haben, z. B. als Präposition, Infinitivkennzeichen u. a.

Jag har hört att brödet här är bakat på sirap.	*Ich habe gehört, dass das Brot hier mit Sirup gebacken wird.*
om vädret är bra	*wenn das Wetter gut ist*
När bilen kom, var vi ute.	*Als das Auto kam, waren wir draußen.*

b) Zusammengesetzte Konjunktionen:

eshuru	*inwiefern*	**huruvida**	*inwieweit*
emedan	*während*	**såvida**	*soweit*

Sie gehören vor allem dem Kanzleistil an; die folgenden sind auch in der gesprochenen Sprache gebräuchlich:

förrän	*bevor*	**eftersom**	*nachdem*

Der är fråga om huruvida han kan åta sig uppdraget.	*Es ist die Frage, inwieweit er sich des Auftrages annehmen kann.*
Eftersom du inte vill lyda råd, får du göra som du vill.	*Nachdem du keinen Rat annehmen willst, kannst du machen, wie du willst.*

c) Mehrwortige Konjunktionen, die meist mit *att* oder *som* verbunden vorkommen:

för att	*um zu*	**på grund av att**	*dadurch, dass*
så att	*so dass*	**utan att**	*ohne dass*
så ... att	*so ... dass*	**trots att**	*obgleich*

Sie sind im Allgemeinen aus der Bedeutung ihrer Teile zu verstehen.

Många olyckor har hänt till följd av att folk kör för fort.	*Viele Unfälle sind geschehen, weil (wörtl.: als Folge davon, dass) die Leute zu schnell fahren.*
Hon gick utan att vi kunde göra något.	*Sie ging, ohne dass wir etwas tun konnten.*

2. Nebenordnende Konjunktionen

Nebenordnende Konjunktionen verbinden Wörter, Wortgruppen, Nebensätze oder Hauptsätze miteinander.

Eva och Lena går på bio.	*Eva und Lena gehen ins Kino.*
Vi är försenade, men vi hinner nog ändå.	*Wir sind verspätet, aber wir schaffen es wohl doch noch.*

Ihrer Form nach kann man sie in zwei Gruppen einteilen:

a) Einfache Konjunktionen:

och	*und*	**fast**	*doch*
samt	*samt*	**utan**	*sondern*
eller	*oder*	**ty**	*denn*
men	*aber*	**för**	*denn*

Einige dieser Wörter können auch andere Funktion haben, z. B. als Adverb oder Präposition.

Vill du ha en tusenlapp eller 10 hundralappar?	*Willst du einen Tausender oder 10 Hunderter haben?*
Jag får nog gå på banken, för mina svenska pengar har tagit slut.	*Ich muss wohl zur Bank gehen, denn mein schwedisches Geld ist alle.*

Besonderheit von **och**:
Mit der Konjunktion **och** kann man – meist in der Antwort auf eine Frage – zwei gleiche Wörter oder Satzteile verbinden, um einen Vorbehalt oder eine geteilte Meinung auszudrücken, in etwa mit der Bedeutung es kommt darauf an, wie man es nimmt.

Var det roligt?	*War es lustig?*
Roligt och roligt.	*Kommt ganz darauf an, wie man es sieht.*
Jobbar han nu?	*Arbeitet er jetzt?*
Tja, jobbar och jobbar.	*Naja, wenn man das Arbeit nennen kann.*

b) Doppelte Konjunktionen, d. h. solche, die aus zwei oder mehreren getrennt stehenden Wörtern bestehen:

både ... och	*sowohl ... als auch*
vare sig ... eller	*sei es ... oder*
inte bara ..., utan också	*nicht nur ..., sondern auch*
såväl ... som	*sowohl ... als auch*
visserligen ..., men	*zwar ..., aber*
Visserligen finns det billigare träskor, men de kan inte jämföras i kvalitet.	*Zwar gibt es billigere Holzschuhe, aber die sind in der Qualität nicht zu vergleichen.*
Inte bara priserna har stigit, utan också lönerna.	*Nicht nur die Preise sind gestiegen, sondern auch die Löhne.*

Übersicht über die gebräuchlichsten Konjunktionen nach ihrer Bedeutung

nebenordnend		unterordnend	
anreihend (kopulativ)			
och	*und*		
samt	*samt*		
som	*wie*		
ock(så)	*desgleichen*		
även	*auch*		
därtill	*daneben*		
dessutom	*außerdem, ferner*		
dels ... dels	*teils ... teils*		
än ... än	*bald ... bald*		
både ... och	*sowohl ... als auch*		
såväl ... som	*sowohl ... als auch*		
inte bara ... utan	*nicht nur ...,*		
också	*sondern auch*		
ausschließend (disjunktiv)			
eller	*oder*		
antingen ... eller	*entweder ... oder*		
varken ... eller	*weder ... noch*		
vare sig eller	*weder ... noch*		
allgemein einleitend			
		att	*dass*
indirekte Fragesätze einleitend			
		om	*ob*
entgegenstellend (adversativ)			
men	*aber, nur*	**medan**	*während*
utan	*sondern*	**medan däremot**	*während*
däremot	*dagegen, vielmehr*	**i stället för att**	*indessen*
ändå	*dennoch*		*statt dass*
emellertid	*indessen*		
inte ... utan	*nicht ... sondern*		
(än)dock	*(je)doch*		
snarare	*vielmehr*		
icke desto	*nichts*		
mindre	*destoweniger*		

nebenordnend		unterordnend	
bedingend (konditional)			
annars	*sonst, anderenfalls*	**om**	*wenn*
		bara	*wenn nur*
		i fall (att)	*falls*
		såvida	*sofern*
begründend (kausal)			
ty	*denn*	**eftersom**	*da ja*
för	*denn*	**(där)för att**	*weil*
nämligen	*nämlich*	**då**	*da*
ju	*da, doch*	**emedan**	*weil, da*
		som	*da, zumal*
zeitlich (temporal)			
		när	*wenn, als*
		då	*als*
		tills	*bis*
		förrän	*bevor*
		innan	*ehe*
		medan	*während*
		sedan	*seit(dem)*
folgernd (konsekutiv)			
(allt)så	*also*	**så att**	*sodass*
därför	*daher, deshalb*	**så ... att**	*so ... dass*
således	*demnach*	**för ... att**	*zu ... dass*
följaktligen	*folglich*		
för den skull	*deswegen*		
på grund härav	*deshalb*		
zweckanzeigend (final)			
därför	*darum*	**för att**	*damit*
		så att	*dass*
einräumend (konzessiv)			
fast	*sonst, andernfalls*	**fast(än)**	*obwohl, obschon*
visserligen ...	*zwar ... aber*	**trots att**	*obwohl*
men		**även om**	*wenn auch*
		ehuru	*wiewohl*

nebenordnend		unterordnend	
Art und Weise angebend (modal)			
		i det att	*indem*
Mittel angebend (instrumental)			
därmed	*damit*	**i det att**	*indem*
därigenom (att)	*dadurch (dass)*	**utan att**	*ohne zu*
vergleichend (komparativ)			
som	*wie*		
einschränkend (restriktiv)			
såvida	*sofern*	**huruvida**	*inwieweit*
såvitt	*soweit*	**såtillvida som**	*insoweit als*

SATZBAU

1. Satzglieder

Wörter und Wortgruppen werden nach ihrer Funktion im Satz eingeteilt.

Subjekt (Satzgegenstand)

Das Subjekt antwortet auf die Frage WER? oder WAS? und kann sein

ein Substantiv	**Eva** kör bil.	*Eva fährt Auto.*
ein Pronomen	**Hon** kör bil.	*Sie fährt Auto.*
ein Satz (Subjektsatz)	**Det är möjligt** att hon kör bil.	*Es ist möglich, dass sie Auto fährt.*

Prädikat (Satzaussage)

Das Prädikat enthält immer ein finites Verb, also eine Verbform mit Personalendung (finite Formen ▸ Seite 80). Es kann aus einer finiten Form allein bestehen.

finite Form	**Jag vet** ingenting.	*Ich weiß nichts.*

Es kann aus einer finiten Form und einer oder mehreren infiniten Formen bestehen (infinite Formen ▸ Seite 80).

finite + 1 infinite Form	**Du måste veta** det.	*Du musst es wissen.*
finite + mehrere infinite Formen	**Jag skulle vilja ha** ett par träskor.	*Ich hätte gerne ein Paar Holzschuhe.*

Es kann aus der Kopula (Satzband: sein, werden usw.) und einem Prädikativum (Prädikatsergänzung) bestehen.

Kopula + Prädikativum	**Eva är tandläkare.** **Jag var trött.**	*Eva ist Zahnärztin.* *Ich war müde.*

Objekt (Ergänzung)

Das Objekt ist eine Ergänzung zum Verb. Ein Teil der Verben steht ohne Ergänzung, ein Teil der Verben muss oder kann eine oder mehrere Ergänzungen haben. Als Ergänzung kann stehen ein

Substantiv	Jag läser en bok. Jag ser en flicka.	Ich lese ein Buch Ich sehe ein Mädchen.	WEN oder WAS?
Pronomen	Jag läser den. Jag tvättar mig.	Ich lese es. Ich wasche mich.	WAS? WEN?
Ausdruck mit Präposition	Jag svarade på brevet.	Ich antwortete auf den Brief.	AUF WAS?

Adverbiale Bestimmungen (Umstandsbestimmungen)

Adverbiale Bestimmungen sind Angaben der Zeit, des Ortes, der Art und Weise oder des Grundes.

Zeit	I går köpte vi en bok.	Gestern kauften wir ein Buch.	WANN?
Ort	Vi köpte frimärken på posten.	Wir kauften Brief-marken auf der Post.	WO?
Art und Weise	Vi kom hit med tåg.	Wir kamen mit dem Zug hierher.	WIE?
Grund	Vi kom hit med anledningen av brölloppet.	Wir kamen anlässlich der Hochzeit hierher.	WARUM?

Attribut (Beifügung)

Das Attribut ist eine nähere Bestimmung zu einem Substantiv, Adjektiv, Partizip oder Pronomen. Attribute gehören zu dem Wort, das sie bestimmen, und bilden mit ihm zusammen ein Satzglied. Attribute sind Adjektive, Substantive im Genitiv, präpositionale Ausdrücke oder Adverbien, zum Beispiel:

Vaters	Haus	ist	alt.
Fars	**hus**	**är**	**gammalt.**
Genitivattribut			
Subjekt		Prädikat	

Wir	kauften	ein	spannendes	Buch.
Vi	**köpte**	**en**	**spännande**	**bok.**
			attributives Adjektiv	
Subjekt	Prädikat	Objekt		

Die Hervorhebung durch Umschreibung mit det är ...

In der gesprochenen Sprache kann eine Hervorhebung einzelner Satzglieder zwar durch die Satzbetonung zum Ausdruck gebracht werden, häufig werden Satzglieder jedoch durch eine Umschreibung hervorgehoben. Dabei steht **det är/var** + das Satzglied, das betont werden soll, + ein Relativsatz, der die Aussage über das hervorgehobene Satzglied enthält. Ist das hervorgehobene Satzglied das Subjekt des Satzes, so muss der Relativsatz mit **som** eingeleitet werden. Ist das hervorgehobene Wort ein anderes Satzglied, kann **som** auch fehlen.

Hon gör det. *Sie tut es.*	**Det är** hon **som** gör det.
Hon läste tidningen. *Sie las die Zeitung.*	**Det var** tidningen (**som**) hon läste.
Hon ska komma i morgon. *Sie kommt morgen.*	**Det är** i morgon (**som**) hon ska komma.

Auf dieselbe Weise können Satzglieder auch in der Frage hervorgehoben werden.

Gör hon det? *Tut sie das?*	**Är det** hon **som** gör det?
Läste hon tidningen? *Las sie die Zeitung?*	**Var det** tidningen (**som**) hon läste?
Ska hon komma i morgon? *Kommt sie morgen?*	**Är det** i morgon (**som**) hon kommer?

2. Wortstellung von Subjekt und Prädikat

Das Schwedische hat ziemlich feste Regeln für die Wortstellung im Satz, dabei ist zwischen Haupt- und Nebensatz zu unterscheiden. Hauptsätze (HS) sind selbstständige Sätze, sie können allein stehen. Nebensätze (NS) sind in der Regel abhängig von einem Hauptsatz. In der gesprochenen Sprache kommen allerdings häufig Nebensätze allein vor, z.B.

Om du bara visste!   *Wenn du nur wüsstest!*

Hauptsätze

Hauptsätze können sein:

a) eine Aussage, eine Behauptung:
   Vi bor i Sverige.   *Wir wohnen in Schweden.*

b) eine Frage:
   Bor ni också i Sverige?   *Wohnt ihr auch in Schweden?*

c) eine Aufforderung, ein Befehl:
   Skynda dig!   *Beeil dich!*

Aussagesatz

Bei der regelmäßigen Wortstellung im Aussagesatz steht das Subjekt vor dem Prädikat, d.h. das Verb steht als zweites Satzglied im Satz.

Subjekt	Prädikat (2. Stelle)	Objekt
Barnet	**äter**	**ett äpple.**
Das Kind	*isst*	*einen Apfel.*

Wenn der Hauptsatz nicht mit dem Subjekt, sondern mit einem anderen Satzglied beginnt, so bleibt der finite Teil des Prädikats (die gebeugte Verbform) wie im Deutschen an zweiter Stelle im Satz. Das Subjekt steht dann unmittelbar nach dem finiten Verb, bei zusammen-gesetzten Prädikaten also zwischen der finiten und den infiniten Formen (umgekehrte Wortstellung oder Inversion).
Zur Abfolge der Objekte und adverbialen Bestimmungen ► Seite 100 ff.

adverbiale Best.	Prädikat (2. Stelle)	Subjekt		Objekt	
I morgon	**äter**	**vi**		**fisk.**	
Morgen	*essen*	*wir*		*Fisch.*	

adverbiale Best.	Prädikat (2. Stelle)	Subjekt		Objekt	
I morgon	**ska**	**vi**	**äta**	**fisk.**	
Morgen	*werden*	*wir*		*Fisch*	*essen.*

Adverbiale Bestimmungen der Zeit stehen häufig am Satzanfang, Bestimmungen des Ortes oder der Art und Weise stehen ebenso wie das Objekt nur dann am Satzanfang, wenn sie besonders betont werden sollen oder im Gegensatz zu etwas anderem stehen.

Objekt	Prädikat (2. Stelle)	Subjekt	adv. Best.
Fisken	**äter**	**vi**	**i köket.**
Den Fisch	*essen*	*wir*	*in der Küche* (aber den Kuchen nicht).

Bei Nebensatz oder direkter Rede als Objekt am Satzanfang tritt wie im Deutschen umgekehrte Wortstellung ein.

Objekt(satz)	Prädikat (2. Stelle)	Subjekt
När klockan var fem	**gick**	**jag.**
Als es fünf Uhr war,	*ging*	*ich.*
Klockan är fem,	**sade**	**jag.**
Es ist fünf,	*sagte*	*ich.*

Fragesatz

Im Fragesatz steht gewöhnlich die umgekehrte Wortstellung.

	Kommer du?		**Ska du komma?**
	Kommst du?		*Wirst du kommen?*
När	**kommer du?**	**När**	**ska du komma?**
Wann	*kommst du?*	*Wann*	*wirst du kommen?*

Wenn die Frage jedoch mit einem Fragewort beginnt, das gleichzeitig Subjekt des Fragesatzes ist, steht die regelmäßige Wortstellung.

Fragewort = Subjekt	Prädikat (2. Stelle)	adv. Bestimmung
Vem	**kommer**	**senare?**
Wer	*kommt*	*später?*

Ist das Fragewort nicht gleichzeitig Subjekt, steht wie im Hauptsatz die umgekehrte Wortstellung, damit das finite Verb an der 2. Stelle im Satz bleibt.

Fragewort ≠ Subjekt	fin. Verb (2. Stelle)	Subjekt	inf. Verb
Vad *Was*	**gör** *machst*	**du?** *du?*	
Vad *Was*	**ska** *wirst*	**du** *du*	**göra?** *tun?*

Befehlssatz

Ein Befehlssatz hat selten ein eigens ausgedrücktes Subjekt. Wenn das Subjekt doch ausdrücklich genannt ist, steht es hinter dem Prädikat.

Prädikat	Subjekt	Objekt	adverbiale Bestimmung
Kom *Komm*			**hit!** *hierher!*
Sätt *Setz*		**dig** *dich*	**på stolen!** *auf den Stuhl!*
Sätt *Setz*	**du** *du*	**dig** *dich*	**på stolen!** *auf den Stuhl!*

Nebensätze

Nebensätze haben im Allgemeinen die Funktion, den Hauptsatz näher zu bestimmen und weitere Informationen über die Aussage des Hauptsatzes zu geben. Der Nebensatz hat dieselbe Wortstellung wie der Hauptsatz. Anders als im Deutschen wandert das Prädikat nicht ans Satzende, wenn der Nebensatz noch weitere Satzglieder enthält.

	Subjekt		Prädikat	adverbiale Bestimmung
	Lena *Lena*		**kom** *kam*	**hem.** *nach Hause.*
Jag gick när *Ich ging, als*	**Lena** *Lena*	*nach Hause*	**kom** *kam.*	**hem.**
Boken som *Das Buch, das*	**jag** *ich*	*gestern*	**läste** *las,*	**i går**

3. Stellung der Adverbien im Satz

Viele Adverbien stehen wie im Deutschen an verschiedener Stelle in Haupt- und Nebensätzen. Sie heißen deshalb bewegliche oder *wandernde* Adverbien. Im Hauptsatz stehen sie nach dem ersten Verb im Satz, im Nebensatz stehen sie vor dem ersten Verb, also zwischen Subjekt und Prädikat. Bei den beweglichen Adverbien handelt es sich im Allgemeinen um Satzadverbien, also adverbiale Bestimmungen zum ganzen Satz, nicht zu einem einzelnen Wort.

HS	**Han kommer kanske med på sammanträdet.**
	Er kommt vielleicht mit zur Sitzung.
NS	**Lars sade att han kanske kommer med på sammanträdet.**
	Lars sagte, dass er vielleicht mit zur Sitzung kommt.

Die wichtigsten beweglichen Adverbien

absolut	*absolut*	**aldrig**	*nie*
alltid	*immer*	**alltså**	*also*
antagligen	*wahrscheinlich*	**bara**	*nur*
egentligen	*eigentlich*	**ej**	*nicht*
endast	*nur*	**faktiskt**	*tatsächlich*
förmodligen	*vermutlich*	**givetvis**	*selbstverständlich*
gärna, hellre, helst	*gerne, lieber, am liebsten*	**i själva verket**	*in Wirklichkeit*
icke, inte	*nicht*	**ingalunda**	*keinesfalls*
ju	*ja, doch*	**kanske, kanhända**	*vielleicht*
knappast, knappt	*kaum*	**möjligen, möjligtvis**	*möglicherweise*
naturligtvis	*natürlich*	**nog**	*wohl, wahrscheinlich*
ogärna	*ungern*	**sannolikt**	*wahrscheinlich*
således	*solchermaßen*	**säkert**	*sicher*
slutligen	*schließlich*	**troligen, troligtvis**	*wahrscheinlich, vermutlich*
tydligen	*deutlich*	**vanligen, vanligtvis**	*gewöhnlich(erweise)*
verkligen	*wirklich*	**väl**	*wohl, vermutlich*
åter	*wieder*	**åtminstone**	*wenigstens*

Manche Adverbien sind bisweilen beweglich, bisweilen behalten sie ihre Hauptsatzstellung auch im Nebensatz bei. Sie sind dann besonders hervorgehoben. Im Deutschen drückt sich dieser Unterschied durch unterschiedliche Betonung aus.

HS		Hon	kör	ofta	bil.
		Sie	*fährt*	*oft*	*Auto.*
NS	**Hon talade om att**	**hon**	**ofta**	**kör**	**bil.**
	Sie sprach davon, dass	*sie oft 'Auto fährt.*			
Aber	**Hon talade om att**	**hon**	**kör**	**ofta**	**bil.**
	Sie sprach davon, dass	*sie 'oft Auto fährt.*			

Weitere Beispiele für Stellung des Adverbs und unterschiedlicher Betonung:

Jag vill gärna åka, om han inte följer med.	*Ich will gerne fahren, wenn er nicht 'mitfährt.*
Jag vill gärna åka, om inte han följer med.	*Ich will gerne fahren, wenn 'er nicht mitfährt.*

Wenn **inte** und ein anderes der beweglichen Adverbien im selben Satz vorkommen, so steht wie im Deutschen **inte** nach, wenn es durch das Adverb näher bestimmt wird. Wenn **inte** die Verneinung des Adverbs ist, steht **inte** vor.

kanske inte	*vielleicht nicht*	**inte ofta**	*nicht oft*
naturligtvis inte	*natürlich nicht*	**inte bara**	*nicht nur*

Vergleich der Stellung im Haupt- und Nebensatz

HS			Hon	följer	inte	ofta		med.
			Sie	*kommt*	*nicht*	*oft*		*mit.*
			Hon	följer	ofta	inte		med.
			Sie	*kommt*	*oft*	*nicht*		*mit.*
NS	**Du vet**	**att**	**hon**		**inte**	**ofta**	**följer med.**	
	Du weißt,	*dass*	*sie*		*nicht*	*oft*	*mitkommt.*	
	Du vet	**att**	**hon**		**ofta**	**inte**	**följer med.**	
	Du weißt,	*dass*	*sie*		*oft*	*nicht*	*mitkommt.*	

Die wichtigsten bisweilen beweglichen Adverbien

dagligen	*täglich*	**egentligen**	*eigentlich*
förr, förrut	*früher, einst*	**härom dagen**	*dieser Tage*
långsamt	*langsam*	**länge**	*lange*
också	*auch*	**ofta**	*oft*
nu	*jetzt*	**sent**	*spät*

snabbt	schnell	strax(t)	sofort
ständigt	ständig	så småningom	allmählich
sällan	selten	särskilt	besonders
tidigare	früher	till och med	auch, sogar
till sist, till slut	schließlich, zuletzt	till stor del	zum großen Teil
tyvärr	leider	över huvud taget	überhaupt

4. Die wichtigsten Unterschiede zum Deutschen in der Wortstellung

Während im Deutschen Verbzusätze, Prädikativa, Präpositionalobjekte und der infinite Teil des mehrteiligen Prädikats im Hauptsatz immer am Ende stehen, können diese Wörter oder Satzglieder im Schwedischen höchstens durch ein Adverb vom finiten Verb getrennt stehen.

a) Verbzusätze

Jag	kände		igen	henne		genast.	
ich	erkannte		wieder	sie		sofort	
Ich	erkannte			sie		sofort	wieder.
Jag	kände	inte	igen	henne		genast.	
ich	erkannte	nicht	wieder	sie		sofort	
Ich	erkannte			sie	nicht	sofort	wieder.

b) Prädikativum

Jag	är		sjuk	sedan	i söndags.		
ich	bin		krank	seit	Sonntag		
Ich	bin			seit	Sonntag		krank.
Jag	är	ganska	sjuk	sedan	i söndags.		
ich	bin	ziemlich	krank	seit	Sonntag		
Ich	bin			seit	Sonntag	ziemlich	krank.

c) Präpositionalobjekt

Vi	talade		om dig	på festen		
wir	sprachen		über dich	auf dem Fest		
Wir	sprachen			auf dem Fest		über dich.

Vi	talar	ofta	om dig	på fester.		
wir	*sprechen*	*oft*	*über dich*	*auf Festen*		
Wir	*sprechen*			*auf Festen*	*oft*	*über dich.*

d) mehrteilige Prädikate
   Perfekt

Jag	har	sett	filmen.	
ich	*habe*	*gesehen*	*den Film*	
Ich	*habe*		*den Film*	*gesehen.*

Plusquamperfekt

Jag	hade	inte sett	filmen.	
ich	*hatte*	*nicht gesehen*	*den Film*	
Ich	*hatte*		*den Film*	*nicht gesehen.*

Futur

Jag	ska	se	filmen.	
ich	*werde*	*sehen*	*den Film*	
Ich	*werde*		*den Film*	*sehen.*

Präteritum Passiv

Filmen	blev	sedd	av många.	
der Film	*wurde*	*gesehen*	*von vielen*	
Der Film	*wurde*		*von vielen*	*gesehen.*

Modalverb + Vollverb

Du	måste		se	filmen.		
du	*musst*		*sehen*	*den Film*		
Du	*musst*			*den Film*		*sehen.*
Du	**måste**	**snart**	**se**	**filmen.**		
du	*musst*	*bald*	*sehen*	*den Film.*		
Du	*musst*			*den Film*	*bald*	*sehen.*

Aus den Sätzen unter a) – d) können im Schwedischen Nebensätze gebildet werden, ohne dass sich etwas an der Wortstellung ändert (▸ aber Seite 118 ff. zur Stellung der beweglichen Adverbien im Nebensatz). Im Deutschen dagegen bildet im Allgemeinen das finite Verb den Abschluss des Nebensatzes.

Du vet att	jag	var	sjuk	sedan	i söndags.		
du weißt, dass	ich	war	krank	seit	Sonntag		
Du weißt, dass	ich			seit	Sonntag	krank	war.

---

5. Die Abfolge der Objekte und adverbialen Bestimmungen im Satz

Hauptsatz

In Sätzen mit nur einem Objekt und einer adverbialen Bestimmung steht das Objekt vor der adverbialen Bestimmung.

Subjekt	Prädikat	Objekt	adv. Best.
Vi wir	**åt** aßen	**fisk** Fisch	**i söndags** letzten Sonntag.
Wir aßen letzten Sonntag Fisch.			
Vi wir	**ska se** werden sehen	**filmen** den Film	**i Stockholm.** in Stockholm
Wir werden den Film in Stockholm sehen.			
Vi wir	**har läst** haben gelesen	**boken** das Buch	**med intresse.** mit Interesse
Wir haben das Buch mit Interesse gelesen.			

Enthält ein Satz eine abverbiale Bestimmung der Zeit und eine adverbiale Bestimmung des Ortes, so steht, gerade umgekehrt wie im Deutschen, die Bestimmung der Zeit nach der Bestimmung des Ortes.

Vi wir	**besökte** besuchten	**Lena** Lena	**i Malmö** in Malmö	**i går.** gestern
Wir besuchten Lena gestern in Malmö.				

Nur wenn die Bestimmung des Ortes sehr lang ist, kann man die Bestimmung der Zeit vorstellen.

Vi träffade varandra i somras på ett ganska dyrt konditori.
Wir trafen uns letzten Sommer in einer ziemlich teuren Konditorei.

In bestimmten Fällen können die adverbialen Bestimmungen auch am Anfang des Satzes stehen, ▸ dazu Seite 115.

Enthält ein Satz ein direktes Objekt (WEN oder WAS?) und ein indirektes Objekt (WEM?), so steht das indirekte Objekt vor dem direkten Objekt.

Subjekt	Prädikat	ind. Obj.	dir. Obj.	adv. Best.
Vi *wir*	**ska ge** *werden geben*	**Lena** *Lena*	**nyckeln** *den Schlüssel*	**i morgon.** *morgen*
Wir werden Lena morgen den Schlüssel geben.				
Vi *wir*	**gav** *gaben*	**henne** *ihr*	**nyckeln** *den Schlüssel*	**i går.** *gestern*
Wir gaben ihr gestern den Schlüssel.				

Das Präpositionalobjekt steht immer nach dem direkten Objekt.

Subjekt	Prädikat	dir. Obj.	Präp. Obj.	adv. Best.
Vi *wir*	**ska ge** *werden geben*	**nyckeln** *den Schlüssel*	**till Lena** *an Lena*	**i morgon.** *morgen*
Wir werden Lena morgen den Schlüssel geben.				
Vi *wir*	**ska ge** *werden geben*	**nyckeln** *den Schlüssel*	**till henne** *an sie*	**i morgon.** *morgen*
Wir werden ihr morgen den Schlüssel geben.				

Wenn der Satz ein bewegliches Adverb (▸ 118 ff.) enthält, hat er folgenden Aufbau:

Subjekt	Präd. finiter Teil	bew. Adv.	Präd. inf. Teil	Objekt	adv. Best.
Vi *wir*	**äter** *essen*	**alltid** *immer*		**fisk** *Fisch*	**på söndagarna.** *sonntags*

Wir essen sonntags immer Fisch.					
Vi	**vill**	**inte**	**äta**	**fisk**	**varje dag.**
wir	wollen	nicht	essen	Fisch	jeden Tag
Wir wollen nicht jeden Tag Fisch essen.					

Nebensatz

Die Abfolge der Objekte und adverbialen Bestimmungen im Neben-
satz ist dieselbe wie im Hauptsatz, ▸ aber Seite 118 ff. zur Stellung der
beweglichen Adverbien.

Hon undrar om ...
Sie will wissen, ob ...

Subjekt	Prädikat	dir. Obj.	Prä. Obj.	adv. Best.
vi	**ska ge**	**nyckeln**	**till Lena**	**i morgon.**
wir	werden geben	den Schlüssel	an Lena	morgen
... wir Lena morgen den Schlüssel geben werden.				

Hon undrar om ...
Sie will wissen, ob ...

Subjekt	bew. Adv.	Prädikat	Objekt	adv. Best.
vi	**alltid**	**äter**	**fisk**	**på söndagarna.**
wir	immer	essen	Fisch	sonntags
... wir sonntags immer Fisch essen.				

6. Satzgefüge

Ein Satz kann zum Satzglied in einem anderen Satz werden. Einen Satz,
der in einem anderen Satz Satzglied ist, nennt man untergeordneten
Satz oder Nebensatz. Den Satz, in dem ein anderer Satz Satzglied ist,
nennt man übergeordneten Satz oder Hauptsatz; das Ganze heißt
Satzgefüge. Man kann Nebensätze danach einteilen, welches Satzglied
sie im übergeordneten Satz ersetzen.

Subjektsätze

Subjektsätze sind meist eigentliches Subjekt eines unpersönlichen Ausdrucks.

Det är självklart **att vi ska göra det.**	*Es ist selbstverständlich, dass wir das machen.*
Att vi ska göra det är klart.	*Dass wir das machen (werden), ist klar.*

Objektsätze

Der Nebensatz ersetzt ein Objekt.

Du vet det.	*Du weißt es.*
Du vet att vi väntar på dig.	*Du weißt, dass wir auf dich warten.*
Jag sade det.	*Ich sagte es.*
Jag sade att du skulle vänta.	*Ich sagte, dass du warten sollst.*

Adverbialsätze

Der Nebensatz ersetzt eine adverbiale Bestimmung.

Jag gick vid tiotiden.	*Ich ging gegen zehn.*
Jag gick när klockan var tio.	*Ich ging, als es zehn war.*
Hon stannade hemma på grund av vädret.	*Sie blieb wegen des Wetters zu Hause.*
Hon stannade hemma eftersom vädret var för dåligt.	*Sie blieb zu Hause, weil das Wetter zu schlecht war.*

Attributsätze

Attributsätze sind Bestimmungen zu einem Substantiv oder Pronomen. Attributsätze sind häufig Relativsätze.

Huset som vi bor i **är grönt.**	*Das Haus, in dem wir wohnen, ist grün.*

Einteilung der Nebensätze nach Bedeutung

Nebensätze können auch nach ihrer Bedeutung im Satzgefüge eingeteilt werden. Die Bedeutung erhalten sie aus der einleitenden Konjunktion (zur Bedeutung der Konjunktionen ▶ Seite 109 ff.).

Allgemeine Nebensätze und die indirekte Rede werden mit **att** eingeleitet.

Du vet att jag inte kan komma.	*Du weißt, dass ich nicht kommen*
Du sade att du inte har tid.	*kann.*
	Du hast gesagt, dass du keine Zeit
	hast.

Temporalsätze geben einen Zeitzusammenhang an.

När jag kom hem var de andra	*Als ich nach Hause kam, waren die*
redan där.	*anderen bereits da.*

Kausalsätze geben einen ursächlichen Zusammenhang an.

Vi stannade hemma eftersom det	*Wir blieben zu Hause, weil es zu*
började regna.	*regnen anfing.*

Konditionalsätze geben eine Bedingung an.

Om värken inte ger sig måste jag	*Wenn der Schmerz nicht nachlässt,*
gå till läkaren.	*muss ich zum Arzt gehen.*

Konzessivsätze räumen etwas ein.

Jag kommer fastän jag inte har	*Ich komme, obwohl es mir nicht so*
det så bra.	*gut geht.*

Finalsätze geben einen Zweck an.

Jag väntade på dig för att vi	*Ich habe auf dich gewartet, damit*
skulle kunna gå tillsammans.	*wir zusammen gehen können.*

Konsekutivsätze geben die Folge einer Handlung an.

Hon arbetar så mycket att hon	*Sie arbeitet so viel, dass sie es*
säkert kan nå det vid tretiden.	*sicher bis drei Uhr schaffen kann.*

Komparativsätze vergleichen etwas miteinander.

Eva vet mycket mera än hon vil	*Eva weiß viel mehr, als sie zugeben*
medge.	*will.*

Interrogativsätze oder indirekte Fragesätze geben an, wonach gefragt wird.

Jag ska fråga henne om hon vil	*Ich werde sie fragen, ob sie mit-*
följa med.	*kommen möchte.*
Jag vet inte var de bor.	*Ich weiß nicht, wo sie wohnen.*

Stichwortregister

A

Ablaut s. Stammveränderung
Adjektiv
  stark (unbestimmt) 45–47, 52, 73
  schwach (bestimmt) 48, 52, 63
  unveränderlich 49
  substantivierter Gebrauch 49
  Steigerung 49–52
Adverbien
  Bildung 54-55
  Steigerung 55
  Stellung im Satz 118
Adverbiale Bestimmungen 113,
  122–124
Akzent
  Allgemeines 13
  Druckakzent (Akzent 1) 14
  musikalischer Akzent
  (Akzent 2) 14
Alphabet 17
Anrede 31, 38, 58
Artikel
  Allgemeines 32
  bestimmter Artikel 32-34, 36-38,
  42-43, 73-74
  unbestimmter Artikel 32, 34, 38,
  42-43, 73-74
  freistehender Artikel 34, 63-64
  Gebrauch 36-37
Attribut 113-114
Aussprache 8-29, 34, 76, 105
  Vokale 8-10
  Konsonanten 10-12
  Akzent 14-17

B

Befehlsform s. Imperativ
Befehlssatz 117
Beifügung s. Attribut
Betonung s. Akzent
Beugung s. Deklinationen
  (Substantiv)
  Konjugationen (Verb) 82-87
Bindewort s. Konjunktionen
Bruchzahlen 79

D

Deklinationen 39-40
Demonstrativpronomen 63-65
Druckakzent 14-17

E

Eigenschaftswort s. Adjektiv
Ergänzung s. Objekt

F

Finalsatz 126
Finnlandschwedisch 6, 11-12, 29
Fragepronomen s. Interrogativ-
  pronomen
Fragesatz 72-73, 116–117
  indirekter Fragesatz 72-73
Fürwort s. Pronomen
Futur 81, 93, 122

G

Genitiv 43-44
Geschlechtswort s. Artikel
Groß- und Kleinschreibung 30
Grundzahlen 75-77

H

Hauptsatz 115-117, 122-124
Hauptwort s. Substantiv
Hilfsverben 88-91

I

Imperativ 91
  im Befehlssatz
Indefinitpronomen 67-71
Indikativ s. Konjugationen
indirekter Fragesatz 72-73, 126
Infinitiv 80, 94-95
Interrogativpronomen 71-72
Interrogativsatz s. indirekter
  Fragesatz
intransitive Verben 100-101

K

Kasus s. Genitiv
Kausalsatz 127
Komparation
  der Adjektive 49-52
  der Adverbien 55-56
Komparativ s. Komparation
Komparativsatz 126
Konditional 81
Konditionalsatz 125
Konjugationen 82-88
Konjunktiv 92
Konjunktionen
  nebenordnende 107-111
  unterordnende 106-107, 109-111

Konsekutivsatz 128
Konsonanten 10-12
Konzessivsatz 127

L
Laute und Buchstaben 17-29
Leideform s. Passiv

M
Modalverben 88-91, 122-123
musikalischer Akzent 14

N
Nebensatz 117, 124-126
Neutrum 32, 59-60
Numeralien 75-78

O
Objekt
   direktes Objekt 124
   indirektes Objekt 124
Ordnungszahlen 75, 78

P
Partizip Perfekt 55, 80, 82-84, 87,
   96-98
Partizip Präsens 55, 80, 94-95, 99
Passiv 60, 92-93, 121
Perfekt
Personalpronomen 57-60
Plusquamperfekt 81, 92, 121
Possessivpronomen 60-63
Prädikat 112, 115-118, 120-124
Prädikativum 112, 121
Präpositionalobjekt 120–121, 123
Präpositionen 102-105
Präsens
   Formen s. Konjugationen
Präteritum 82-84, 98-99, 121
Pronomen 57-74

R
reflexive Verben 99
Relativpronomen 65-67
Relativadverbien 67

S
Satzaussage s. Prädikat
Satzgegenstand s. Subjekt
schwache Verben 80, 82-83
Silbe 12-13
Silbentrennung 30

Stamm s. Konjugationen
Stammveränderungen
   beim Adjektiv 46-47
   beim Substantiv 33, 39-43
   beim Verb 80, 82-84
starke Verben 80
Steigerung s. Komparation
Subjekt 72, 112, 115-116
Substantiv
   Pluralbildung 39-43
   Kasus 43
Südschwedisch 6-7, 11-12, 29
Superlativ s. Komparation
Supinum s. Partizip Perfekt

T
Temporalsatz 126
transitive Verben 100

U
Umlaut s. Stammveränderungen
unregelmäßige Verben 87
Umstandsbestimmungen
   s. adverbiale Bestimmungen
Utrum 32, 59-60

V
Verb
   schwache Verben 80
   starke Verben 80
   unregelmäßige Verben 87-88
   Hilfsverben und Modalverben
   88-91
Verbzusätze 99, 120
Verhältniswort s. Präpositionen
Verneinung s. Adverbien
Vokale 8-10

W
Wortstellung 115-124
Worttrennung s. Silbentrennung

Z
Zahlwörter s. Numeralien
Zeitangaben 44, 79, 104
Zeitwort s. Verb
zusammengesetzte Verben
   s. Verbzusätze